PENDEL-PRAXIS

Magie der Symbole - Der spirituelle Pendel
Radio des Geistes

von

A. Frank Glahn

Band VI (von VI)

Die Pendellehre von A. Frank Glahn in 6 Bänden

Portrait und Signatur von A. Frank Glahn um 1933
aus "Die Begriffene Astrologie", Uranus-Verlag, Memmingen, 1933.

Weitere Bücher aus dem Bohmeier Verlag (www.magick-pur.de):

Der Gebrauch des Pendels (Band I), *von A. Frank Glahn,* ISBN 978-3-89094-671-9

Metall, Mineral und Pflanze (Band II) *von A. Frank Glahn,* ISBN 978-3-89094-672-6

Natürliche Kräfte in Strahlungen (Band III) *von A. Frank Glahn,* ISBN 978-3-89094-673-3

Seele und Geist – Charakter und Anlagen (Band IV) *von A. Frank Glahn,* ISBN 978-3-89094-674-0

Der Körper, Krankheit und Heilmittel (Band V) *von A. Frank Glahn,* ISBN 978-3-89094-675-7

Magie der Symbole – Der spirituelle Pendel – Radio des Geistes (Band VI) *von A. Frank Glahn,* ISBN 978-3-89094-676-4

Das deutsche Tarotbuch *von A. Frank Glahn,* ISBN 978-3-89094-452-4

Die Pendel-Diagnose - Ein Verfahren zur Feststellung der inneren Krankheiten des Menschen *von Dr. med. E. Clasen*, ISBN 978-3-89094-527-9

Liebes- und Krankheitsamulette - Talisman Turc, Ursprung und Wesen Magischer Quadrate *von Ferdinand Maack*, ISBN 978-3-89094-612-2

Die Magie des Raumes und der Zahl, Die heilige Mathesis *von Ferdinand Maack*, ISBN 978-3-89094-614-6

Goethe als Okkultist *von Prof. Max Seiling*, ISBN 978-3-89094-566-8

Friedrich, Heinrich, August Glahn (* 18.01.1865 in Linden, Hannover; † 06.02.1941 in Hollenstedt), zunächst Theosoph, später Freimaurer. Er war einer der bekanntesten deutschen Astrologen in der ersten Hälfte des 20. Jahrhunderts. Er publizierte als okkulter Schriftsteller zahlreiche Werke über Astrologie (entwickelte die nach ihm benannte *Glahn-Methode* der Horoskopdeutung), Kabbala, Runen, Pendeln und Tarot (zu diesem Buch verfasste er auch ein Kartendeck, *Das deutsche Tarot-Buch* auf kabbalistisch-astrologischer Grundlage). Am 15.02.1916 erschoss seine Frau vier der gemeinsamen Kinder und kam danach in eine Irrenanstalt. Dies führte letztlich auch Glahn in eine schwere persönliche Krise. Bekannt wurde er durch *Uranus* (Glahns astrologischer Volkskalender), und seine Arbeiten zur Radiästhesie, sowie durch seine 6-bändige *Pendel-Bücherei*. Sein Tarot-Buch wurde, wie einige andere seiner Bücher, in der NS-Zeit verboten und vernichtet. Andere Werke scheinen ab 1933 eine Hinwendung zur NS-Regierung zu zeigen (wobei seine persönliche Intention unklar bleibt.). Wir konnten trotz ausführlicher Recherche keinen Rechteinhaber ausmachen. Sollte es dennoch Rechteinhaber geben, bitten wir um Nachricht.

ISBN 978-3-89094-676-4

Inhaltsverzeichnis

Hinweis des Verlages

Wir weisen darauf hin, dass das Auspendeln von Krankheiten, Beschwerden und Heilungsmethoden nur von einem geübten Pendler ausgeführt werden sollte. Zudem sollten Sie unbedingt den ärztlichen Rat suchen (auch um Ihre Ergebnisse zu verifizieren)! Der Bohmeier Verlag ist frei von jeden Ansprüchen bezüglich des Gebrauchs oder Missbrauchs der in diesem Buch gegebenen Hinweise.

Die Schreibweise der Erstausgabe wurde beim Neusatz beibehalten. Dies umfasst auch verschiedene Schreibweisen, die heutzutage nicht mehr üblich sind. Frank Glahn verwendet den Begriff „*der* Pendel“ obwohl dies heute als falsch anzusehen ist. Üblicherweise sagen wir heute „*das* Pendel“. Wir haben hier aber dem Original aus stilistischen Gründen den Vorzug gegeben zumal dies ausdrücklicher Wunsch von Frank Glahn war. Korrekturen auf inhaltliche Fehler wurden vorgenommen, jedoch ohne den Charakter der Erstausgabe zu verfälschen oder den Text inhaltlich zu ändern.
Alle Anmerkungen und Erläuterungen und Ergänzungen des Verlages sind mit einem Kürzel versehen (rs.) oder (D. V.). Alle anderen Fußnoten waren schon im Original vorhanden und wurden natürlich übernommen (*kursiv*).

Wir wünschen Ihnen viel Erfolg bei Ihren Pendel-Arbeiten!

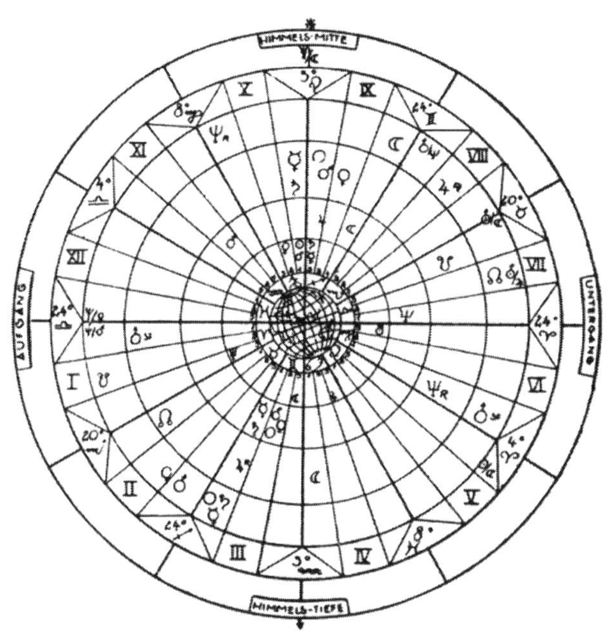

Beginn der Niederschrift des VI. Bandes der Pendelbücherei

17. 12. 1929, 3 h a. m.

Gemäß plötzlich dazu auftretenden Dranges

☉		24°40′ ♐	☌♂♀♄☿
☾		3° ♋	⚹♆□⛢☍♄☿
♆	R	3°33′ ♍	⚹☾△♄☿
⛢	St.	7°27′ ♈	□☾♄☿⚹♃△♀
♄		1°57′ ♑	☍☾△♆□⛢☌☿
♃	R	9°34′ ♊	⚹⛢☍♀
♂		20°48′ ♐	☌☉♀
♀		12°18′ ♐	☌♂☉△⛢☍♃
☿		5°28′ ♑	☍☾△♆☌♄□⛢
☊		9°44′ ♉	△♄♆☿
I		24° ♎	⚹☉♂
X		3° ♌	△⛢♀

Beziehungen zum Geburtshoroskop!

Radix ♃	☌♂
⛢	△I
☾	⚹♀
☊	⚹☿
☿	△☊
I	□♂☌♄
X	☍♀
♆	□☿
♂	□♆
♀	□♀
⛢	☌♆

„Ich bin alles, was war, ist und sein wird.
Aber noch hat kein Sterblicher zu entdecken vermocht,
Was Ich bin.“

„Binden und Lösen ist der Inhalt der ganzen deutschen Magie, aber in Anwendung im Einzelnen unendlich. Es gab drei Teile der Magie: Wissenschaft, Täuschung, Wirkung, entsprechend den Geistestätigkeiten Denken, Wollen, Handeln. Magie und Schöpferkraft waren in unserem Heidentum eins, sie bestanden in der vereinten Anwendung jener dreifachen Tätigkeit.“

Prof. Mone

„Wenn ich das Wort Magie definieren sollte, so würde ich sagen, dass sie sei: Eine geheime Wissenschaft, Geister oder Kräfte zu bewegen, zu versetzen oder besonders *in einen Raum einzuschließen.*
Wenn jemals eine Magie existiert hat, so war es die *Absonderung* des Bösen aus Gott, wenigstens scheint die Idee der magischen Zirkel als Tradition oder von ungefähr mit der einzigen Möglichkeit einer *Absonderung aus dem unendlichen Raum* zu harmonisieren ... Von der Erschaffung der Materie an bis auf die Verstöpselung eines Weingeistes ist meines Erachtens alles Magie, *was eine Kraft in einen Raum einschließt.*“

Dr. F. Maack

Jedes *Symbol* ist ein Behälter für Kräfte. *Sinnbilder* sind keine Symbole in diesem magischen Sinn, sondern *Erinnerungsbilder* zum Denken.

Glahn

Das Studium dieses Buches setzt die Kenntnis des Buches III der Pendelbücherei voraus, nachdem außerdem selbstverständlich das gründliche Erlernen des Pendels gemäß dem Buch I vorangegangen ist. Niemand kann mit diesem Buch das Studium beginnen.

Der Verfasser

Radio des Geistes

In meinem Buch „Radio der Natur“ habe ich den Siderischen Pendel dazu benutzt, um die Ausstrahlungen sichtbarer Gegenstände zu ermitteln. Als eine Steigerung zu bewerten ist die Untersuchung der psychischen Eigenschaften lebender Wesen, ebenfalls im genannten Buch ausführlich mitgeteilt. Diese Untersuchungen streifen noch jene Grenze, welche die angeblich materialistische Wissenschaft gezogen hat, daher kann es noch jeder gut geschulte Mensch mit „seinem Gewissen“ vereinbaren, dem Pendel eine berechtigte Stellung zuzugestehen. In vorliegendem Buch „Radio des Geistes“ betrete ich ein Gebiet der Forschung, welches in der Literatur noch keinen Niederschlag gefunden hat. Es werden Kräfte untersucht, die märchenhaft erscheinen und gemeinhin als zum Gerümpel überlieferten Aberglaubens gehörig verurteilt werden. „Aus innerem Bewusstsein“ heraus werden die meisten gut geschulten Menschen die Existenz dieser Kräfte verneinen und damit das Buch im Ganzen ablehnen.
Es gibt einen inneren Bewusstseinszustand, dieser ist aber sicherlich nicht allen Verneinern bekannt, kaum einer wird ihn kennen. Nur wer mit den Begriffen der Mystik vertraut ist, seien diese nun religiös oder auf Erkenntnis gerichtet, im Innern erlebt, kennt ihn. Was der gut geschulte Gebildete unter „innerem Bewusstsein“ versteht, ist die Fessel der Schulgelehrten, die Knebelung des eigenen „Ich“. Dieser Zustand der geistigen Unfreiheit ist vergleichbar einem Hypnotisierten, der willenlos nach den Suggestionen des Hypnotiseurs spricht und handelt. Solche „Ent-Ichte“ nenne ich: gut geschulte Gebildete. Diese sind es, die gern von der Existenz einer voraussetzungslosen forschenden Wissenschaft sprechen, die bekanntlich nur in dieser Phrase, nicht aber auf den Hochschulen ihr Leben fristen. *Darin* war sich die Menge der „Vertreter der Wissenschaft“ zu allen Zeiten einig: Die Gegenwart hat jeweils das Maß der vollen Wahrheit, die rechte Erkenntnis. In der Vergangenheit jedoch herrschte Verdunkelung des Geistes, wurden irrige Meinungen gelehrt. Erst wir haben es so herrlich weit gebracht. Nun wird die jeweilige Gegenwart ungemein schnell Vergangenheit. Für Vorausschauende ist die Gegenwart bereits Vergangenheit!
Somit wird dieses Buch nur da Verständnis und Teilnahme finden, wo eine vertiefte Naturerkenntnis Ereignis geworden ist; wo die unsichtbaren geistigen Kräfte höher bewertet werden als die dem Zerfall anheim gegebenen materiellen. Diese höher Gebildeten werden gern meine Versuche nachprüfen, auch das Gebiet erweitern und die Ergebnisse vertiefen.

Magische Kräfte

Ohne aussendbare, strahlende Kräfte gibt es keine Magie.
Besäße der Mensch keine strahlenden, aussendbaren Kräfte und vermöchte nicht, vorhandene Kräfte zu meistern, gäbe es keine Magier.
Unter *natürliche Magie* fallen alle Handlungen, welche sich letzterer bedienen, wobei demnach der Magier mit Kräften arbeitet, die nicht in seiner Person selber liegen. Darunter fallen die Anwendungsarten von Magnetismus, Elektrizität, Galvanismus, kosmischen Strahlungen aller Art und den Ausstrahlungen natürlicher Dinge, wie der Edelsteine, der Gestirne usw.
Unser Pendel ist ein Instrument, das diese Kräfte erkennen lässt und bei deren nutzbringender Verwendung zu beraten vermag.

Dieses Buch handelt hauptsächlich von der Anwendung der *eigenen Strahlkräfte*, der persönlichen Magie. Die Zeit kann als vorüber angesehen werden, wo der Magnetismus, im Gegensatz zu dem Erdmagnetismus tierischer Magnetismus genannt, als Einbildung, die Heilmagnetiseure als Schwindler gekennzeichnet wurden, natürlich von den Vertretern der Wissenschaft.

Die Wissenschaftler verlangen nämlich, man müsse ihnen neue Ideen und Erkenntnisse in ihrer Denkform logisch verständlich und begreiflich machen. Das ist unmöglich bei Dingen, die außerhalb der bisherigen Erfahrung liegen. Das Experiment wird nicht anerkannt, nicht zur Kenntnis genommen, weil dessen Grundlagen nicht im Sinne der Erfahrung der bisherigen Wissenschaft begründet werden kann. Woraus folgt, dass diese Stellungnahme der Wissenschaftler es verhindert, ganz neue Erkenntnisse und Findungen auf- und anzunehmen. Die Geschichte lehrt das. Die Wissenschaftler haben sich gegenüber der Nachwelt so oft und drastisch ins Unrecht gesetzt, dass hierüber ein tragisch-komisches Buch geschrieben werden kann. Und nicht minder erheiternd wirken die Versuche von aufnahmefähigen Wissenschaftlern, welche eine erkannte Wahrheit der Wissenschaft nahe bringen wollen. Ihr ganzes Bestreben ist nur darauf gerichtet, Erklärungen und Formeln zu finden, die als Brücke zur steifen Forderung der Wissenschaft dienen sollen. Die Erfinder und Erdenker solcher Brücken betrachten sich in dem Augenblick als die wahren Finder jener Erkenntnis, um die sie sich nun bemühen, die sie aber nicht selbst, sondern bei anderen Praktikern gefunden haben. Dieser Fund soll nun in Beschlag genommen werden. Das geschieht in einer höchst wissenschaftlichen Sprache, gespickt mit fremden Sprachbrocken, und überlegener Zurückweisung jener Praktiker, bei denen sie ihre Sache gefunden haben.
Diese Beobachtung ist bei jeder derartigen Erfindung oder Entdeckung zu machen. Der menschliche Magnetismus ist jedoch ein besonders mustergültiges Beispiel dafür. Die Medizin bietet überhaupt dafür viel belehrendes Material.

Magnetismus ist eine Grundkraft für magische Wirkung. Daher müssen wir uns in diesem Buch oft mit magnetischen Kräften befassen. Es ist nicht der Magnetismus allein, sondern der Mensch strahlt überhaupt.

Ich führe aus dem Buch Kosmos und Mensch (S. 51) von Alexander Müller, dem Erfinder der Sepdelenotherapie[1], an: „In erster Linie war es Kazzamali, der die oszillarotischen Vorgänge im Gehirn des Menschen in größerem Umfang positiv mit physikalischen Apparaten nachwies. Dann haben in Berlin die Professoren der Physik Urban und Brasch durch umfangreiche Experimente die Strahlung des ganzen Organismus bewiesen, so dass der wissenschaftliche Beweis geliefert werden konnte, dass in einer Umgebung von drei Metern der Mensch ein elektromagnetisches Feld aufweist. Zur Beweisführung für die elektrischen Vorgänge beim Denken legten diese Forscher eine Selbstinduktionsspule um den Kopf des Menschen, stellten ihn in eine isolierte Zelle, damit von außen elektrische Ströme den Vorgang nicht stören konnten, und brachten diese Induktionsspule mit verfeinerten Radioempfangsapparaten in Verbindung, die sich außerhalb der Zelle befanden. Und siehe: Die ganzen Denkvorgänge des menschlichen Hirns unter Beeinflussung der feinsten Gefäße spielten sich im Radioempfangsapparat durch Surren und Tönen ab. Die Forscher gingen noch weiter. Sie wollten auch den Ausweis des Vorhandenseins einer Seele führen und zeigen, dass im Zustand des Unterbewusstseins, ja des Tiefenbewusstseins, bei denen Bewusstsein und Wollen restlos ausgeschaltet sind, sich Vorgänge im Zentralnervensystem und Rückenmark abspielen, die auf eine Tätigkeit schließen ließen, die durch unsichtbare Kräfte des Weltalls veranlasst werden. Sie versetzten das zu untersuchende Medium durch Hypnose in den Zustand der sogenannten Katalepsie, der völligen Starre, einem regungslosen Zustand aller Zellen und Gefäße. Auch in diesem Zustand konnten Gedankengänge festgestellt werden, die also lediglich Schwingungen einer Seele darstellen mussten, zumal auch diese wieder im Radioapparat registriert wurden. Also auch im Tiefenbewusstsein, im Zustand der Trance, konnte tatsächlich bewiesen werden, dass elektrische Vorgänge sich ohne unser Zutun abspielen, die Seele also mit dem unsichtbaren Geist des Weltalls in Verbindung stand."

Da haben wir uns also die Grundlage der magischen Kräfte eines Menschen wissenschaftlich feststellen und erklären lassen. Ohne Kenntnis der natürlichen Grundlagen aller magischen Handlungen geraten alle Erklärungsversuche auf *sogenannte* okkulte Wege, die nur in die Irre führen. Wir wollen das Natürliche nicht als Wirkung von Teufel und Dämonen ansehen, wozu so leicht die Neigung vorhanden ist. Ja, man kann ohne Irrtum sagen: Grade die Idee, als wenn es sich

[1] Sepdelenopathie ist ein altes biologisches Heilverfahren. Der Name setzt sich aus „Sepsis" (griechisch: Fäulnis) und „Deleo" (lateinisch: ich zerstöre) zusammen. Es wird zur Entgiftung, Entschlackung und Entsäuerung eingesetzt. Heute ist Sepdelen als Nahrungsergänzungsmittel erhältlich. (rs)

um teuflische und dämonische Dinge handle, die, wie alles Unverstandene, geheimnisvoll fesseln, zieht viele Leute in den Bann des irregeleiteten Okkultismus, vor dem wir Vertreter des reinen, natürlichen Okkultismus immer wieder warnen müssen.

Die Strahlungskräfte des Menschen sind weder unter sich gleich, noch zu allen Zeiten gleich stark. Das körperliche Befinden hat auf die Kraft der Strahlung Einfluss, soweit der laufende normale Fluss angenommen wird. In Augenblicken seelischer Erregung steigert sich die Kraft zu plötzlichen blitzartigen Entladungen, gefolgt von einem Erschöpfungszustand, in dem eine Aufladung stattfindet.

Ich kann ohne innere Teilnahme und Erregung einen Fluch aussprechen, der infolgedessen völlig wirkungslos bleibt, der jedoch ausgesprochen im Zustand höchster Erregung einen Menschen zum Tode bringen kann.
Dasselbe ist der Fall mit Talismanen. Sie sind wirkungslos, wenn sie gleichgültig gemacht sind. Vielleicht ist es ein großer Wert dieses Buches, jeden Empfänger eines Talismans in die Lage zu versetzen, seinen Schutz auf die ihm innewohnende Kraft nachprüfen zu können.
Im selben Maß, wie die positiven magischen Strahlungskräfte nachlassen, nimmt die negative Aufnahmefähigkeit zu. Nach dem Tode erlischt jede magische Strahlung, was die Ausstrahlung angeht, während die Einstrahlung noch einige Stunden erhalten bleiben kann. Wir haben Berichte gelesen, wonach Menschen nicht sterben konnten, weil sie die starke Einstrahlung Umstehender daran hinderte. Selbst äußerlich bereits Verstorbene sind durch ausgesandte Wunschkräfte wieder aufgewacht. Man soll die Menschen ruhig sterben lassen, das Wiedererwecken legt eine furchtbare Verantwortung auf den verursachenden Magier.
Aber auch die Veranlagung des Menschen ist in der Art der Strahlung verschieden. Huter[2] unterschied drei Strahlenlängen, die nur in der Nähe wirkende magnetische Kraft, die fernwirkende heliodische Kraft und eine mittlere Stärke. Nennen wir die kurze Welle Magnetismus, können wir im Bilde bleiben und für Helioda Elektrizität sagen. Der elektrische Mensch kann besser in die Ferne wirken, der magnetische Mensch eignet sich besser als Heilmagnetiseur.

Die Gedankenstrahlen haben wir bereits im Buch über Charakterschilderung benutzt, als wir unbeschriebenes Papier bedachten und das Gedachte sachlich auspendeln konnten. Da habe ich von Od gesprochen, das ist nichts anderes, als was uns in diesem Buch beschäftigen wird. Od, Magnetismus, Helioda, Elektrizität, radioaktive Ausstrahlung, Emanation[3] des Menschen; alles das sind Namen von

[2] Carl Huter lebte von 1861 bis 1912 und gilt als Begründer der Psychophysiognomik, der Neuen Ethik und der Kallisophie. Umfangreiche Auszüge aus seinem Lebenswerk finden Sie unter www.helioda.de. (rs)

[3] Die Emanation (von lat. emanatio: Ausfluss, Ausströmung) bedeutet 1. das Ausströmen, das Ausfließen; 2. die persönliche Ausstrahlung; 3. in der Philosophie das Hervorgehen aller Dinge aus dem göttlichen, vollkommenen Einen. Quelle: www.infobitte.de (rs)

Strahlungen, mit deren Untersuchung zu magischen Absichten wir uns nun befassen wollen.
Die natürliche Grundlage ist wohl genügend erklärt worden.

Um nicht missverstanden zu werden, erkläre ich in Bezug auf Dämonen und Teufel: Was die Menschen in der Regel darunter verstehen, sind Eigenprodukte ihrer selbst, Abspaltungen des eigenen Ich, die belebt worden sind, Psychogone, Gedankenformen, Ideoplastie, alles Namen für dieselbe Erscheinung. Darüber ist nachzulesen: *Staudenmeier,* „Die Magie als experimentelle Naturwissenschaft", Leipzig 1912. Über Gedankenformen siehe Band IV dieser Bücherei.

Es gibt zwischen Gott und Menschen Wesenheiten in Klassen und Arten, die wir nicht mit Sinnen wahrnehmen können. Wir haben eine Psyche mit entwicklungsfähigen Kräften, die mehr wahrnehmen kann. Wir können die Kräfte der Psyche entwickeln, sie spalten, Wesenheiten von ihr absondern, deren eigentliche Erzeuger wir selbst sind. Der Mensch, ein Spaltgeschöpf Gottes, Geister Spaltgeschöpfe von uns. Der Mensch wirkt auf diese Geister ein, diese auf den Menschen. Die magische Schulung bedeutet, die Geburt dieser Spaltgeschöpfe herbeizuführen. Jeder lebt denn in der Reihe jener Geschöpfe, die er sich „dienstbar" gemacht hat. Welche Geister hätte Svendenborg gesehen, wenn er in einer anderen Kirche (Ägypten!) erzogen worden wäre?
Auf nicht eigengeschaffene Wesenheiten trifft das Gesetz der Anziehung zu. Du gleichst dem Geist, den du begreifst! „Caballa"[4], sagt Abraham von Worms, „steht über Magie, denn Caballa ist Gnosis, Erkenntnis, Eindringen, Einswerden mit Gott, also die Rückkehr."

Magie der Symbole, oder Täuschung und Irrtum

Zwei Männer fechten im Säbelduell. Der eine greift an und schlägt senkrecht auf das Haupt seines Gegners: Wie ein Blitzstrahl soll mein Säbel dein Gehirn zerschmettern! Er wird pariert und es folgt auf die Prim eine waagerechte Quart: Den Kopf schlage ich dir ab!

Oder: Ein Priester vor dem Altar erhebt seine Hände und senkt sie einmal von oben nach unten und einmal von rechts nach links: Der Herr segne Euch...

Oder: Der Lehrer in der Schule erklärt, an der Tafel vorschreibend: Sollen Zahlen zusammengezählt werden, so schreiben wir sie genau untereinander und machen immer ein Kreuz davor, das Kreuz ist das Pluskreuz, es bedeutet: Zusammenzäh-

[4] Die Kabbala ist die mystische Tradition im Judentum. Die Bezeichnung Kabbala (hebr. קבלה) geht auf den hebräischen Wortstamm q-b-l zurück und bedeutet „Überlieferung, Übernahme, Weiterleitung". Die ursprünglichen Wurzeln der Kabbala finden sich in der Tora, der Heiligen Schrift des Judentums. In jahrhundertelanger mündlicher Weitergabe wurden daneben verschiedene weitere Einflüsse aufgenommen, darunter gnostische, neuplatonische und christliche Elemente. Quelle: http://de.wikipedia.org/wiki/Kabbala. (rs)

len, während das Malkreuz das liegende Kreuz bedeutet, die Zahlen sind malzunehmen, also 3 x 4 sind 12, 3 + 4 sind 7 ...

Oder: Das Revolutionstribunal hat die Liste der Gefangenen vor sich und bestimmt diejenigen, die hingerichtet werden sollen, es wird an die Ausgewählten ein Kreuz gemacht ...

In allen Fällen ist es das hohe Symbol des Kreuzes!
Und hat jedes Mal eine ganz andere Bedeutung!
Da frage ich mich: Es wird behauptet und gelehrt, jedes Symbol sei ein Kraftzentrum, es strahle aus, diese Ausstrahlung sei mit dem Pendel festzustellen, das Kreuz pendele diese Figur und ein anderes Symbol jene. Das Symbol eine wirkende Kraft!
Ich betrete hier ein Gebiet, das nicht unwichtig ist und mitten in das Gewirr der angewandten Magie greift: Amulette, magische Kreise...
Um der Sache auf den Grund zu gehen, greife ich in das „Teufelsfach" eines meiner Bücherschränke, da finde ich zusammen, was an einschlägiger Literatur vorhanden ist. Da befinden sich im tiefsten Frieden die esoterische Literatur über Symbole neben der Clavicula Salamonis[5], verschiedenen Zauberbüchern, Höllenzwang, also Gut und Böse im Urwald vereint. Sind Symbole Kraftsender, die darin abgebildeten Symbole müssten einen wilden Kraftwirbel herausschleudern. Ehe ich daher ein Buch herausnehme, halte ich den Pendel vor das Fach und vor die einzelnen Bücher: Er verharrt in vollster Ruhe! Ich nehme die Bücher heraus und pendele zuerst das Buch aus, dann die darin enthaltenen Symbole, das kabbalistische Zauberbuch Sepher ha Rasiel, Clavicula Salamonis, den Höllenzwang, Symbole der Rosenkreuzer und Theosophen: Der Pendel verharrt in Ruhe, ob ich ihn über das Hexagramm und das Tetragrammaton führe oder über die Unterschrift von Samiel.
Täusche ich mich oder täuschen die anderen, die Pendelfiguren von Symbolen veröffentlichen?
Ich decke mehrere Symbole mit einem Blatt Papier zu und rufe meine nichtsahnende Frau, sie möge darüber pendeln: Der Pendel rührt sich auch bei ihr nicht.
Jetzt schreibe ich Kreuze und zwar versetze ich mich bei jedem Kreuz in die Geistes- und Seelenverfassung der oben geschilderten Personen, des Duellanten, des Priesters, des Lehrers, der revolutionären Machthaber, und pendele diese verschiedenen Kreuze aus. Da erhalte ich die verschiedensten und heftigsten Ausschläge. Nur ein Kreuz verhält sich in der Ausstrahlung anständig normal, es ist das Lehrerkreuz, wo einfach meine Handschrift pendelt. Sonst die heftigsten Ge-

---

[5] Clavicula Salomonis ist der Name eines Zauberbuches aus dem Spätmittelalter (17. Jahrhundert). Salomon galt wie Mosis seit der Antike als großer Zauberer und Geisterbeschwörer, so dass ihm eine Reihe von Zauberbüchern unterschoben wurde. Inhalt sind die Methoden für das „Beschwören der Geister". Quelle: www.hagzissa.de/Clavic.html. (rs)

gensätze! Versucht selbst und ihr werdet finden: Die Schreibenden haben ihr Ich in das Kreuz gelegt, es pendelt ihre Seele, ihre Gedanken!

Ein anderer Versuch.
Schneide aus der Zeitung eine lange Linie aus, oder schneide einen schmalen Streifen aus farbigem Papier, teile 5 gleiche Stücke ab und lege diese zusammen, sie auf Papier festklebend, in der Form eines Pentagramms, wohlbekannt aus der ersten Mephistoszene in Goethes Faust. Ob mit oder ohne kleine Öffnung an einer Spitze, der Pendel wird nichts Bannendes anzeigen.
Schreiben wir nun das Pentagramm mit zwei verschiedenen Wunschvorstellungen, einer teuflisch-bösen und einer göttlich-erhabenen, so wird der Pendel über beiden Symbolen Ausschläge entsprechend der gehegten Vorstellungen machen: Wir pendeln unsere eigenen Gedanken aus.
Gegenüber diesen Erfahrungen müssen wir uns fragen, ob nicht die Pendelmagie völlig falsch ist.
Jeder Leser hat in seinem Zimmer eine Uhr, auch wohl ein Thermometer und ein Barometer. Diese zeigen uns unsichtbare Sachen oder Zustände an: die gegenwärtige Zeit, die herrschende Wärme, den Luftdruck. Für den Buschmann, den Urwaldindianer, sind das magische Vorgänge, für die er keine Erklärung hat, da muss ein Dämon im Apparat sein. Für uns steckt keine magisch-geheimnisvolle Kraft darin, es sind naturgesetzlich erkannte Vorgänge. Die genannten Apparate sind Anzeiger, nicht Verursacher, sie zeigen das Wirken von Kräften an, haben selbst aber keine auswirkende Kraft.
Es sind *Anzeiger*.
Auch der Pendel ist lediglich ein anzeigender Apparat, weiter nichts, und man fragt sich nur, warum Pendler falsche Ausdrücke benutzen und in welcher Absicht. Ich bezeichne sie als irreführend für Laien, als täuschend. Damit wird nur dieser Zweig der Grenzwissenschaften der Schmähung von wissenschaftlichen Kritikern ausgesetzt.

Nun rate ich zu einem anderen Versuch, und zwar einen magneto-magischen Versuch, wie ihn Dupotet in seinem Buch „Entschleierte Magie“ angegeben hat. Ich habe mehrere Experimente, die darin angegeben sind, mit Erfolg mehrfach vorgenommen. Zum Versuch ist die Anwesenheit von sensitiven Personen erforderlich, ich fand in Gesellschaften fast immer Frauen und Männer, die sich geeignet zeigten. Ferner ein Stück Kreide.
Ziehe ich auf dem Fußboden gedankenlos einen Strich, oder zum Zweck bautechnischer Einteilungen, so steckt gewiss keine Magie drin und kein Sensitiver wird sich gestört sehen. Jetzt ziehe ich aber eine Linie mit starker Konzentration auf eine Vorstellung, einen Befehl, etwa: „Über diesen Punkt oder diese Querlinie darf niemand treten und wer es dennoch tut, erlahme und falle.“ Dem Strich sieht es niemand an, dass er Träger von Befehlen und Strafandrohungen ist. Man stelle eine sensitive Person auf den Beginn der Linie und ersuche sie, die Augen auf die

Linie zu heften und jeden eigenen Gedanken auszuschalten. Sie wird dann auf der Linie gehen, gemäß dem eingezeichneten Befehl, wird aber vor dem Schlusspunkt stehen bleiben und wird nicht weiter gehen können. In einem Fall stolperte eine Frau, sie kam mit einem Fuß über den Punkt und fiel hin, das betreffende Bein war steif. Sie musste mit Hilfe von anderen Personen aufgehoben und auf einen Stuhl gesetzt werden, worauf ich mit einigen magnetischen Strichen das Bein wieder gelenkig machte.

Prüfe ich nun an Hand dieser Erfahrung die eingangs erwähnten Kreuze, so erkennen wir die Ursache der unterschiedlichen Wirkungen und wissen nun: Was mit dem magischen Experiment mit Bewusstsein gemacht wurde, ist bei den Kreuzen unbewusst, aber dennoch wirkungsvoll geschehen.

Solange Symbole ohne irgendwelche magische Absicht geschrieben oder sonst dargestellt werden, sind sie völlig bedeutungslos.

Der Pendel kann nur magische Kräfte darin erkennen und anzeigen, die hineingelegt worden sind. Und sind es meine eigenen Darstellungen, so kann ich meine bewussten oder unbewussten Gedankenkräfte feststellen. Wer demnach Symbole durch Pendelfiguren erklärt, gibt seine eigene Einstellung an. Der Schwarzmagier wird andere Pendelfiguren erhalten als der Weißmagier.

Nehmen wir nun gedruckte Symbole unter den Pendel und zwar mit Bewusstsein der okkulten Bedeutung, dann wird der Pendel ausschlagen und wiederum meine Gedanken zur Kenntnis bringen. Wer jedoch mit den Symbolen keine Vorstellungen und Gedanken verbindet, wird niemals Pendelausschläge darüber erhalten.

Das führt uns auf das Gebiet der Talismane.

Es ist erheblicher Leichtsinn, sich einen Talisman von einem Fremden anfertigen zu lassen, dessen Gedankenwelt unbekannt ist. Denn dieser vermag in scheinbar im Guten wirkende Symbole teuflisch-verderblichen Geist zu legen und dieser wirkt auch auf Personen, die ahnungslos sind, auf völlig Naive ein. Die vorgeschriebene Wahl eines bestimmten Tages und einer bestimmten Planetenstunde hat natürlich nur einen bestimmten Grund: Der Talismanschreiber soll durch die guten kosmischen Schwingungen geistig gereinigt und veredelt werden, damit sein Werk auch rein und günstig wirke!

Nun bleibt die Frage offen, warum die Symbole gewählt worden sind, warum zu allen Zeiten und in allen Völkern dieselben Zeichen zu finden sind. Diese Frage kann mit dem Pendel geklärt werden, und das ist das eigentliche Forschungsgebiet für den Pendler.

Jedes Symbol ist mehrdeutig, je nach dem Ausgangspunkt eines Forschers gibt es verschiedene daran geknüpfte Gedankengänge. Als Beispiel: Ich kann einen Edelstein chemisch betrachten, als Ausstrahler, als Heilmittel, als Form und dessen Bedeutung, als Schmuckstein usw. Immer ist es derselbe Stein, der für jede dieser Untersuchungen eine Veranlassung bietet. Oder wir vergleichen es mit einer Modellpuppe des Dekorateurs, die mit stets wechselnden Stoffen bekleidet wird.

Zur Weisheit führen verschiedene Wege! Keiner ist leichter, doch hat jeder Mensch eine besondere Veranlagung für einen.
Keine Darstellung der Symbole kann alle Bedeutungen umfassen!
Der aufmerksame Pendler wird bemerken, dass der Pendel mit den verschiedenen Schwingungen über einem Gegenstand selbst Symbole zeichnet.
Ein wirksames Symbol wird durch Hinzufügungen zum Sinnbild, Denkbild, Wegweiser für die Idee. Zum Beispiel ist das Kreuz Symbol, wird eine Schlange darum gelegt, ist es ein Sinnbild; die Schlange = Weibnatur = Naturzeugung, hat als Folge die „Sünde", um diese auszugleichen, muss der Gottessohn gekreuzigt werden. Das Kruzifix ist demnach ein *Sinnbild*, wie die Taube, die Lilie, der Lotos usw. Es gibt viele Sinnbilder, die für magische Belebung ungeeignet sind, meistens Bestandteile früherer Religionsformen. Dahin zählen die Lotosblume, die Sinnbilder für die Geschlechtsorgane (Phallus, Lingam, auch der Maibaum zählt dazu) usw. Wer diese auspendeln will, mache es so, wie bei den Planetensymbolen gezeigt, dass wir unsere Vorstellungswelt durch den Pendel erschließen können.
Die Literatur ist reichhaltig, wenn die gedanklich konstruierten Darstellungen von Systemen studiert werden. Die Rosenkreuzer, Kabbalisten, Zahlen- und Linienphilosophen bieten sehr schöne Darstellungen, die oft sinnbildlich wirken, um die Weltharmonie zu beweisen. Auch die Gnostiker liefern derartige Sinnbilder, wie das Ur-Christentum in den Fischen und dem Monogramm Christi.
Alle diese sind gedanklicher und nicht magischer Natur.

Der senkrechte Strich

Von oben nach unten, also auf den Schreiber zu.
Das ist die Einstrahlung von oben herab. Religiös die Gnade, Güte, die Kraft, der Segen; kosmisch die Einwirkung der physikalischen Strahlen, wie der Sternstrahlungen, der Ultragammastrahlen, oder welchen Namen sie tragen. Persönlich: das Geben, Ausgeben, Mitteilen, die Spende.
Dieser Strich wird als Geste im Leben formelmäßig oder unbewusst verwandt. Der Priester beim Segen, der Redner bei einer Behauptung, der Heilmagnetiseur beim Magnetisieren.
Wenn der bewusst magisch Betende seine geöffneten Arme nach oben ausstreckt, den Blick gen Himmel richtet, nimmt er die Stellung des Empfangenden ein, er erwartet die Einstrahlung in Gestalt einer unsichtbaren geraden Linie, die auf ihn zukommt.
Eine unbedacht zustande gekommene Linie ist magisch belanglos. Ein gedruckter senkrechter Strich kann dem Pendel keine Antriebskraft geben. Ist sie geschrieben, unabsichtlich, gedankenlos, so kann der Pendel auch nur den Schreiber zu erkennen geben, sonst nichts.

Jetzt schreibe die Linie mit vollem Bewusstsein, mit den Gedanken an eine der oben angegebenen magischen Bedeutungen, lege also geistige Kraft in die Linie, und beim Pendeln schließe das Pendelbild der Person aus und verlange das Pendelbild der Kraft, so wird der Pendel eine gerade Linie pendeln gemäß der Linie selber, jedoch über sie hinausgehend. Deine magische Kraft kannst du an der Stärke des Ausschlages abmessen! Diese Stärke ist nicht zu allen Stunden gleich, wie auch Deine Gedanken- und Seelenkraft nicht allzeit gleich stark ist. Im Augenblick der Exaltation, des kraftverdichteten Überschwunges, der heftigen Leidenschaft, ist die Kraftabgabe am stärksten.
Diese Erkenntnis, aus Erfahrung gewonnen, macht es uns klar, wie unterschiedlich ein Talisman sein kann! Es kommt nicht nur auf die Zahl der Worte oder Symbole an, sondern auf die Seelenkraft, mit der sie geschrieben, gezeichnet, geritzt sind! Ist dein Gefühl einer Kraftentladung, wie bei einer Explosion, gleich, wird ein Zeichen mehr Kraft ausstrahlen, als ein ganzer Sermon mit Ausschaltung der Kraftbeigabe.
Jetzt raffe deine Kraft zusammen und schreibe mit dem Gedanken einen senkrechten Strich: Ich gebe dir Nerven- und Gedankenkraft zur Vermehrung deiner eigenen Kraft. Schreibe einen zweiten Strich: Du sollst mir kosmische Kräfte zuführen zu meiner eigenen Kraft.
Jetzt setze dich mit dem Gesicht nach Norden. Über der ersten Linie wirst du einen lebhaften Ausschlag bekommen, von dir ausgehend nach Norden. Über der zweiten Linie wird der Pendel fast ruhig stehen bleiben! Drehe dich um, Gesicht nach Süden. Der lebhafte Ausschlag nach Süden, also von dir ausgehend, wird geringer als bei dem ersten Strich. Er wird über dem zweiten etwa die Länge des gemachten Striches haben, auf dich zukommend!
Jetzt lies, was ich im dritten Heft der Pendelbücherei geschrieben habe. Dein Gesicht ist positiv, wie der Süden, der Norden ist negativ. Folglich! Deine Kraft strömt stärker aus nach Norden als nach Süden. Oder nunmehr die Regel: Willst du eine magische Handlung vornehmen, bei der du Kräfte gibst, wende dich gen Norden. Willst du Kräfte anziehen, so wende dich gen Süden.
Jetzt wende dich gen Osten, der Morgensonne zu. Nunmehr wird die Linie, die dir Kräfte zuführen soll, sehr lebhaft werden, über der Geberlinie bleibt der Pendel stehen. Dasselbe Bild wirst du erhalten, wenn du dich am Mittag gen Süden wendest.
Du bist also machtlos, wenn du dich der ungeeigneten Himmelsrichtung zuwendest und damit du in jedem Fall das Richtige tust, wirst du nach der im dritten Heft gegebenen Anleitung die gebende oder nehmende Himmelsrichtung auspendeln, wenn du magisch schreiben willst.
Nun merke hier im Vorbeigehen: Alles Gute gegeben ist weiße Magie, alles Angezogene ist ... nicht immer schwarze Magie, hier entscheidet das Verlangen. Was zur Stärkung deiner guten Kräfte dienen soll, ist immer weiße Magie und wenn du böse Kräfte in deine Schrift legst, ist es immer schwarze Magie!

Die erste wichtigste Lehre aus diesem Versuch zur Auspendelung magischer Symbole hast du erhalten. Man sieht es dem Strich nicht an, aber der Pendel wird davon bewegt und der Träger des Talismans auch!
Jetzt eine neue senkrechte Linie: Lass dein Gefühl sprechen und lege in die Linie die Gabe: meine ganze Liebe! Mit dem Gesicht nach Norden.
Diese Linie pendelt anders! Du fragst also: Welche Kraft strahlt diese Linie aus? Und da kommt ein nach rechts geneigter Strich, der gern schmale Ellipse wird. Das ist die Linie für Güte, Gemüt, wie sie im Heft über Charakteranlage angegeben ist! Pendelst du diese Linie mit dem Gesicht nach Osten, der Sonne zu, so bleibt der Pendel stehen. Du kannst nicht zur selben Zeit ausstrahlen und Kraftstrahlen empfangen. Versuche es, der Morgensonne gegenüber zu sagen: Ich gebe dir meine Kraft, meine Liebe! Das wird nur sehr lau klingen, denn du empfängst eben selbst diese Kräfte.

„Jedes Ding hat seine Zeit ..." Probiere es aus!

Die bisher gezogenen senkrechten Linien wirst du hoffentlich, wie üblich, von oben nach unten geschrieben haben, also auf dich zu, wie in der Schule gelehrt? Ist das richtig, wenn du eine Linie des Gebens schreiben willst? Da muss sie sich ja von dir entfernen! Schnell schreibe zwei neue Linien, mit der Kraft der Gabe geschrieben: Ich gebe dir alle Kraft zur Stärkung deiner persönlichen Kraft, als fortdauernde Kraftquelle! Einmal von oben nach unten, das andere Mal von unten nach oben. Dann pendele! Ich brauche dem Pendelergebnis nichts hinzufügen!

Aus diesem grundlegenden ersten Lehrkapitel hast du nun allerlei gelernt, was für jeden weiteren Versuch bestimmend ist. Du hast dich überzeugt davon: In einer absichtslos geschriebenen Linie liegt keine magische Kraft, welche Form sie auch immer hat. Das Maß der magischen Kraft ist abhängig von deiner eigenen hinein gelegten und von der natürlichen Möglichkeit, diese auszustrahlen.

Die waagerechte Linie

Das ist die Linie der Verteilung, des Ausgleichs. Der senkrechte Kraftstrahl wird ausgebreitet und der Menge zugeführt. Hügel werden beseitigt, Löcher werden aufgefüllt. Da kann diese Linie auf der einen Stelle gebend sein, wo Not bestand, auf der anderen Stelle wird der Überfluss genommen. Es ist die Linie der Leitung, sie schneidet auch den Kraftstrom ab. Folglich wirkt sie verhindernd für alles, was unter der waagerechten Linie liegt. Wenn wir uns diese Linie im Symbol vor Augen halten, finden wir die merkwürdigsten Verhältnisse. Nehmen wir das Kreuz +, so erkennen wir darin eine Gewalttat, der senkrechte Kraftstrom durchschlägt die Verteilungslinie! Ein dramatischer Vorgang! Setze dich mit dem Gesicht nach Norden oder Westen und sinne über die Bedeutung des Kreuzes nach, male dir alle Verhältnisse aus, wo ein Kreuz üblich ist. Du musst dich daran gewöhnen, nunmehr die Symbole geistig zu verstehen! Und dabei immer denken:

Welche Kräfte werden durch diese Linien vermittelt? Die waagerechte Linie ist immer ein Querstrich, der bei der Charakterbeurteilung schlechte Bedeutung hat, bei der Auspendelung des Körpers nur an einer Stelle naturgemäß ist: über dem Geschlechtsorgan und dabei als Anzeiger für Zeugungskraft und -geneigtheit. Es ist der Trennstrich überhaupt.
Das bedenkend wollen wir eine waagerechte Linie magisch schreiben. Was sollen wir hineinlegen?
Da stocken wir! In diesem Augenblick werden wir uns der Verantwortung bewusst, die mit der Ausübung der Magie verknüpft ist!

Bis uns etwas Gutes einfällt, wollen wir diese Linie, *allein geschrieben,* unterlassen!

Besinnen wir uns inzwischen, dass es auch die Linie des Grundes ist, des Fundamentes, des Wassers, solange dieses unbewegt ist. Auf einen Grund können wir etwas errichten, nämlich gerade oder geneigte Linien. Zeichnen wir nun ein gleichseitiges Dreieck, eine gebende aufstrebende Linie und eine einsammelnde nehmende Linie auf der Grundlage. Die gebende schreiben wir in nördlicher Richtung, die nehmende in östlicher und die waagerechte von Osten nach Westen. Diese mit dem Gedanken: Ich nehme Kraft ein (Osten!), um sie weiter zu geben (Westen).
Dieses Kraftbild ist also ausgeglichen, halb nehmend und halb gebend, immer stößt eine nehmende Linie in der Ecke an eine gebende.
Lege das Bild mit der Spitze nach Osten: Stillstand! Lege es mit der Spitze nach Norden: Stillstand! Lege es nach Süden und nach Westen: große, ruhige Kreise! Du kannst nun die Spitzen umtauschen, das ändert am Pendelergebnis nichts.

Wir sind positiv, wenn wir geben, negativ, wenn wir nehmen. Genau genommen, ist jeder gerade Strich gleich einem Magnetstab, er hat einen positiven und einen negativen Pol. Der Pendel zeigt diese Pole an, er schlägt vom positiven nach dem negativen Pol, vom Geber zum Nehmer. Das hat nun für alle aus mehreren Linien bestehenden Symbolfiguren Bedeutung. Achte daher stets darauf.

Es gibt nicht viele Figuren, die wir so im Kraftverhältnis ausgleichen können, wie das gleichseitige Dreieck. Die Wirkung spürst du in der großen Ruhe, die es magisch ausstrahlt. Folglich ist es ein Kraftbild für Beruhigung, Klärung der unruhigen Gedanken.
Dieses hohe Symbol der drei vereinigten Schöpferkräfte wird daher mit der Dreieinigkeit in Verbindung gebracht; soll die göttliche Trinität damit bezeichnet werden, pflegt man drei kleine Feuerblitze hineinzuschreiben, weil jede göttliche Kraft, ob positiv oder negativ, in der Wirkung auf das Geschöpfte positiv kraftspendend ist.

Wie sieht das Feuerzeichen aus? Es ist die gerade Linie, die auch in Nachahmung des Blitzes gezackt ist. Dieses Feuerzeichen entspricht dem Lautzeichen I... Es ist die Is-Rune der Arier, die Zeichen für dieselben Laute Jod im Hebräischen, Iota im Griechischen. Wo Buchstaben auch Zahlen sind, ist das Zeichen entweder 1 oder 10, was sachlich auch 1 ist. Es ist der erhobene Zeigefinger!

Damit du nun selbst merkst, dass es sich hierbei um wirkliche Naturkräfte handelt, stelle dich mit dem Gesicht der Sonne zu, hebe deinen Zeigefinger hoch, hefte deine Blicke darauf und summe den Laut I. Nur wenige Minuten so verfahren, dann ist dein Finger glühend heiß und die heißen kosmischen Strahlen fließen deutlich merkbar durch deinen ganzen Körper bis unter die kribbelnden Fußsohlen. Wenn du das gut erprobt hast, kannst du das Experiment auch im Dunkeln machen. Richte dich nur nach Osten oder Süden, dann wirst du dich zu jeder Zeit erwärmen können.

Nun merkst du, dass wir Magie betreiben.

Also wir zeichnen jetzt das gleichseitige Dreieck mit starken Krafteinlagen und dahinein dreimal kleine I-Blitze, den hebräischen Buchstaben Jod.

Lege es der Reihe nach in die Richtung nach Osten, nach Süden, nach Westen, nach Norden, die Pendelausschläge sind am stärksten in der östlichen Richtung, noch stark in der südlichen, schwach in der westlichen und nördlichen: Da gibt es schon Pendelruhe. Da erkennst du die Wahrheit des Satzes: Ex oriente lux. Das Licht, gleich die Kraft, kommt vom Osten.

Nun lass das Bild von einer Person zeichnen, die ohne Verständnis zeichnet, als wenn es sich um eine belanglose Sache handelt, deren Bedeutung unbekannt ist, da wird unser Kraftbild kraftlos sein und nur den Schreiber erkennen lassen.

Dasselbe Experiment kannst du selbst auch machen. Frage zuerst: Welche magische Kraft strahlt dieses Symbol aus? Dann hinterher: Ich will den Schreiber gezeichnet erhalten. Da gibt es zwei gänzlich verschiedene Pendelbilder! Ganz gleich, in welcher Himmelsrichtung, der Schreiber ist stets auszupendeln.

Die Zackenform des Blitzes hat dem Saus- oder Zischlaut **S** als Muster gedient. Wir finden ähnliche Zeichen dafür im Lateinischen **S**, dem Griechischen Sigma Σ, der arischen Sol-Rune ϟ, dem Hebräischen shin ש. Bei letzterem Zeichen finden wir die bereits einschlagenden Feuerlinien, es sind auch drei, die sich mit dem Erdstoff verbinden.

Schreibe sie mit dem Blick nach Osten, mit dem Impuls von einschlagenden Blitzen, von zischendem Brennen, so werden die Figuren nicht ausschlagen, wenn du sie in derselben Richtung auspendelst, wohl aber, wenn du dich nach Norden richtest. Sie wirken unerfreulich, dürfen daher zu guten Talismanen nicht verwendet werden.

Nun wollen wir uns doch mit dem Kreuz beschäftigen. Zuerst eins mit gleicher Balkenlänge. Der Pendel beantwortet deine Frage nach der innewohnenden Kraft mit einem Malkreuz, als Übergang einige Kreise. Nun sieh im Heft über Charakterschilderung nach, da ist angegeben, die vom Pendler linke Seite würde die geistige Anlage darlegen, die rechte hingegen die seelische. Je nachdem, ob du nun beim Zeichnen des Kreuzes mehr an geistige oder seelische Dinge gedacht und entsprechende Kräfte in das Kreuz gelegt hast, erhältst du mehr Ausschläge nach der einen oder anderen Seite. Du kannst somit dich und andere prüfen.

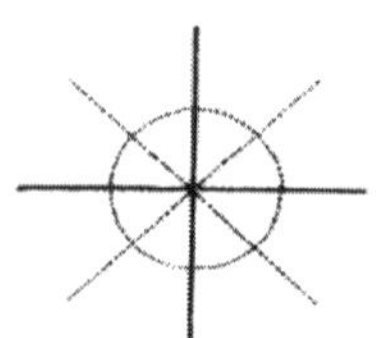

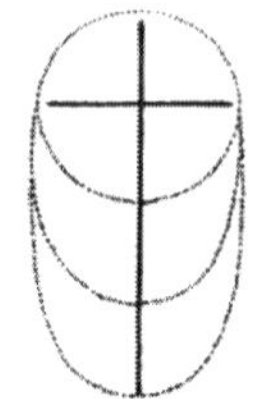

Beim Kreuz mit ungleicher Balkenlänge schlägt der Pendel eine zuletzt eiförmige Linie. Du siehst nun an der bildlichen Darstellung, dass der Pendel die Symbole gewissermaßen ergänzt. Symbol und Pendelfigur bilden das Symbol mit Wirkungsangabe. Und wenn dir dieses nun begegnet, wirst du es verstehen.

Als Übungsaufgabe kannst du nun das Kreuz verschieden aufzeichnen, einmal erst den waagerechten Balken, diesen vom positiven nach dem negativen Pol und umgekehrt, und dann den senkrechten Balken oder überhaupt umgekehrt. Die entstehenden Pendelfiguren wirst du nun schon deuten können.

Und dabei achte auf die beim Pendeln aufkommende seelische Stimmung, denn das ist sehr wichtig für die Wirkung der Symbole. Beim Kreuz ist nicht mehr die großartige Ruhe des Dreiecks, sondern du wirst niedergedrückt, es liegt Peinigendes in diesem Symbol, das am wenigsten beim gleichlangen Balkenkreuz dem Und-Kreuz.

Das ist die Wirkung der durchgeschlagenen waagerechten Linie!

Die Svastika[6] als Heilzeichen

In dieser Stellung auch in der Bedeutung des Wasserrades, der drehenden Bewegung. Sonnenrad.

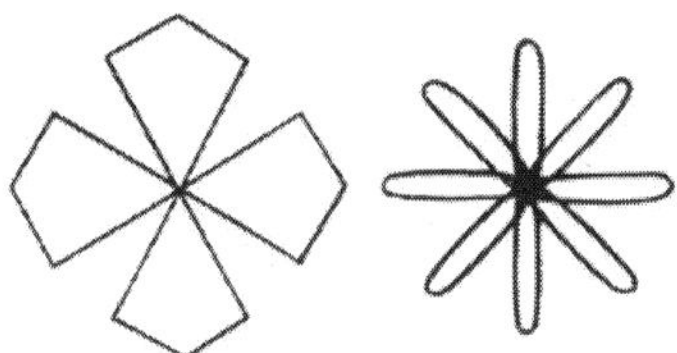

= Pendelfigur
Johanniterkreuz, gebildet aus zwei gegenläufigen Hakenkreuzen.
Großer Kreis mit Ellipsen im Kreis herum.
Bedeutung: Ich helfe zum Heil.

Das Quadrat

Ehe wir ein magisches Quadrat schreiben, müssen wir darüber klar sein, welche Gedankenstrahlen hineingelegt werden können. Es sind zwei waagerechte Linien, die durch zwei senkrechte in einer bestimmten Entfernung gehalten werden, es liegt daher eine Spannung darin. Abwehr gegen Kräfte von außen, Schutz dem Eingeschlossenen. Oder: Es sollen Kräfte am Entweichen, am Wirken verhindert werden. Das ist schließlich der Sinn jedes Vierecks, auch wenn die rein quadratische Form verlassen ist.
Ein Raum ohne Inhalt ist zwecklos, kann daher nicht magisch sein. Immer muss er in Beziehung stehen zu anderen Kräften, seien diese nun eingeschlossen oder ausgeschlossen. Ich kann magisch einen Tempel daraus machen, wenn ich eine Himmelskraft hineinschreibe, aber man bedenke: Gott ist nicht einzuschließen, jeder Privattempel ist ungöttlich, da die göttliche Kraft fortgesetzt durch die ganze

---

6 StGB § 86 (Verbreiten von Propagandamitteln verfassungswidriger Organisationen), Absatz 3: Absatz 1 gilt nicht, wenn das Propagandamittel oder die Handlung der staatsbürgerlichen Aufklärung, der Abwehr verfassungswidriger Bestrebungen, *der Kunst oder der Wissenschaft*, der Forschung oder der Lehre, der Berichterstattung über Vorgänge des Zeitgeschehens oder der Geschichte oder ähnlichen Zwecken dient. (D. V.)

Schöpfung strahlt und wirkt. Es würde demnach ein Tempel für Eigensinn sein, Selbstsucht, Egoismus, was in diesem Sinn der beliebteste Ausdruck ist.
Die gute Wirkung als Schutz, als Wall gegenüber schädlichen Kräften setzt deren Vorhandensein voraus.
Zeichne ein Quadrat mit der Gedankenkrafteinlage:
Gegenüber satanischen heranstürmenden Kräften sollst du sicherer Schutz sein!
Und lass auf dieses Quadrat, durch Pfeile angegeben, Kräfte des Bösen fliegen, so kannst du das in der Wirkung auspendeln: Innerhalb des Quadrats eine Kreislinie, die niemals die Linien des Quadrates ganz erreicht oder gar überschreitet. Die Linien des Quadrates werden, wenn der Pendel darüber geführt wird, in ihrer Länge bestrichen, und darüber hinaus geführt schlägt der Pendel Abwehrstriche, Trennstriche. Das Schutzquadrat erfüllt den beabsichtigten Zweck. Wird das Viereck in die Länge gezogen, so dass die Höhe abnimmt, wird die Wirkung schlechter, es wird wie ein Kanal, der die kosmischen guten Einflüsse von oben unterbricht, um schlechtere zu verteilen. Daher finden wir diese Figuren bei Siegeln von Dämonen, die weiterhin untersucht werden.
Wie wir auch Quadrate und Vierecke verschieben, niemals können wir den Grundcharakter aufheben.

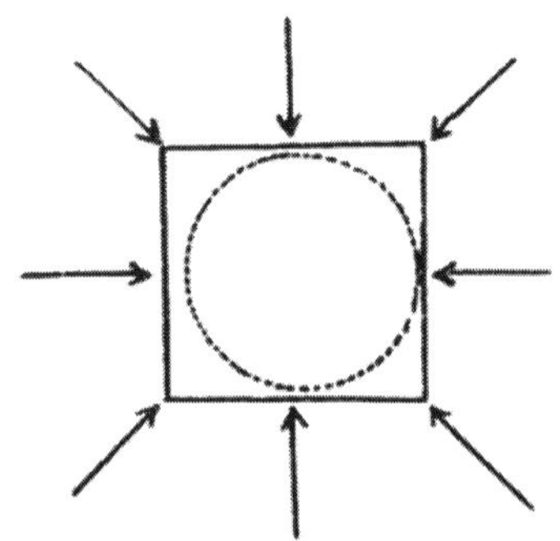

Das sagt auch jeder lebende Körper aus, es sei nur an die Quadratschädel erinnert, Menschen mit viereckigen Gesichtern. Deren Charakter deutet immer auf Selbstsucht, Rücksichtslosigkeit, Abwehr gegen alle besseren Einflüsse.
Denn die hier erklärte Grundwirkung aller Symbole durch Strahlkräfte geht durch die ganze Schöpfung. Versuche in einem Raum zu leben, der rein kubisch ist, also Quadrat nach allen Richtungen, du kannst ihn nur als Gefängnis empfinden.

Der Vierstern

Deutet auf die vier Weltrichtungen, ein Kreuz, das nicht mit Schmerz und Leid verbunden ist. Darum setzt es sich aus schmalen Ellipsen zusammen, die immer eine günstige Bedeutung haben.

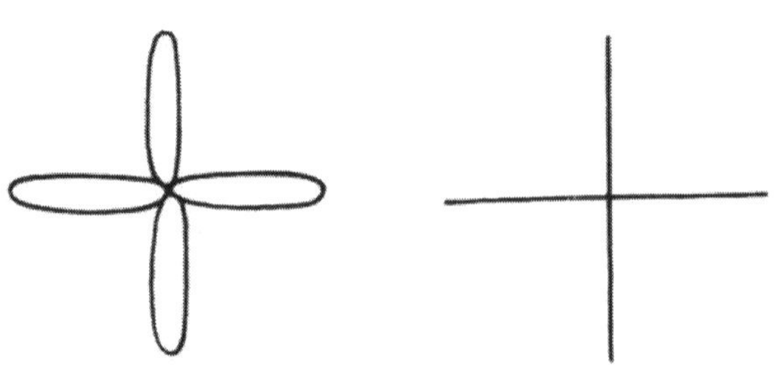

Das Pentagramm

Wir teilen einen Kreis in fünf Teile, folglich immer mit 72 Grad Entfernung, und verbinden immer zwei Punkte, indem wir einen auslassen. Bei dieser Zeichnung denken wir weiter nichts, als ein richtiges Pentagramm zu zeichnen, einen fünfzackigen Stern. Nun wird der Pendel darüber gehalten und die Frage gestellt: Welche eigene Kraft hat dieser Stern? Der Pendel wird durch Stehenbleiben bekunden, dass gar keine eigene Kraft vorhanden ist. Jetzt soll es ein Kraftbild werden, die Linien werden nachgezogen mit einer starken Einlage von magischer Gedankenkraft.

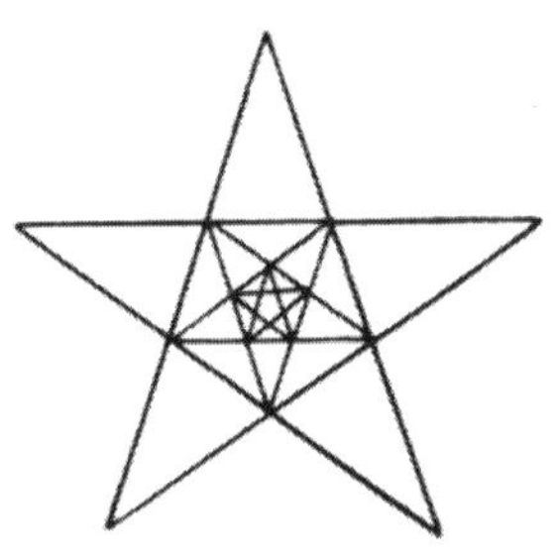

Was sollen wir denken? Immer sind zwei Linien da, die auf und ab, hin und her führen, das sind demnach gebende Linien. Diese führen wieder aufwärts zu einer Verteilungslinie. Man könnte es deuten als einen mit zwei Händen erteilten Segen. So habe ich das Bild geladen: Die kosmisch-göttliche Kraft habe ich angezogen, nun erhebe ich mich und teile sie aus, zuerst den höheren Wesen und herabgehend bis zu den niederen, alles, was lebt, nehme teil an der erhaltenen Kraft. Tue dasselbe und pendele die einzelnen Linien aus, so werden die Ausschläge verschieden sein. Die herabgezogene Linie hat Neigung, auf den Kreuzungspunkten weiche Kreise zu bilden. Sonst geht der Pendel mit den gegebenen Gedankenkräften in entsprechenden Linien.

Wird der Pendel in den Mittelpunkt gehalten, so beginnt der Pendel Kreise zu schlagen, die das ganze Bild umfassen, es werden große, ruhige Kreise.

Der Lernende erkennt hieraus, dass es zulässig ist, das Symbol ohne Krafteinlage vorzuzeichnen, dass er dabei jede Linie für sich zeichnen kann. Nun prüfe er, ob es möglich ist, in diese Linien schwarzmagische Kräfte zu legen. Mir ist es nicht möglich; sobald ich beginne das Bild zu laden, kann ich es nur mit reinen, guten Kräften füllen. Wer es vermag, in diese Form schlechte Gedankenkräfte zu bannen, wird dann auch die entsprechenden Pendelausschläge erhalten.

Du kannst das Symbol nach Belieben drehen, es gibt immer Kreise, während bei der Auspendelung jede Linie den ursprünglich gegebenen Charakter behält.

In das Mittelfeld kann immer wieder ein kleineres Pentagramm gezeichnet werden, mehrfach wiederholt, bis die Begrenzung weiteres Einzeichnen verbietet.

Das Pentagramm ist ein heiliges Symbol, es vermittelt namentlich geistige Kräfte, hat Merkurnatur. Es gibt daher Erkenntnis und es ist in diesem Sinn zu laden, denn Merkur ist der Bote Gottes.

Wenn ich sage: Du ladest das Bild, so ist das an sich richtig, noch richtiger ist es zu sagen, dass du die Abgabestelle des dir zufließenden Gedankengeistes bist. Was du gibst, fließt dir wieder zu, so dass kein Mangel eintritt. Du wirst durch diese gute Arbeit nicht ärmer!

Zerlegen wir das Pentagramm, so erhalten wir fünf Pfeilspitzen oder Messerspitzen-Symbole für Bewegung, Vorwärtsdrängen, Eindringen. Diese sind so verknüpft, dass immer die niedergehende Seite eines Pfeils die hochgehende Seite des anderen Pfeils ist. Was auf der einen Seite an Kraft herabkommt, steigt sofort wieder als ausstrahlende Kraft aus. Da das Pentagramm nicht materialisiert werden kann, wie das Dreieck in der Pyramide, das Viereck im Würfel, so ist es ein geistiges Symbol. Wir können bei der Aufzeichnung von vier Punkten ausgehen: Von unten nach oben, von oben nach unten, von links nach rechts, von rechts nach links. Auch kann das Auf und Ab schräg erfolgen. Zählen wir jede der fünf Linien doppelt, es kann nämlich an beiden Endpunkten einer Linie begonnen werden, so ergeben sich 10 Möglichkeiten zur Aufzeichnung, wenn das Zeichen in einem Zuge geschrieben wird. Jede Möglichkeit gleicht einer anderen Gedankenkraft. Sicherlich kommt es hier auf die geistige Höhe des Schreibers oder Magiers an. Die beiden aufschrägenden Linien, die zur einzigen waagerechten Verteilungslinie führen, zuerst geschrieben, empfinde ich als hinterlistige Absichten, als Überrumpelung. Als Linie der Gnade empfinde ich den Beginn an der Spitze oben. Und was rechts oder links angeht, so ist auf einem Bild immer das Spiegelbild zu sehen, mit verkehrten Richtungen. Was auf dem Bild rechts ist, nennen wir im Körper links. Schreibe ich daher bildlich von links nach rechts, so schreibe ich mit der rechten Hand von links nach rechts. Für die linke Hand ist die Schrift von rechts nach links angemessen.
Stehe ich mit dem Rücken nach Norden, dem Gesicht nach Süden, so ist auf meiner linken Körperseite Osten, auf der rechten Seite Westen. Dann ist die linke Seite positiv mit dem positiven Ostpol disharmonisch verbunden, der negative Westpol mit meiner negativen rechten Seite. Diese Stellung ist demnach unrichtig. Der polare Ausgleich findet statt, wenn wir uns mit dem Gesicht nach Norden wenden, das ist der heilige Pol der arischen Religion[7].
Sobald wir uns nach Osten halten, wie der Priester in der Kirche, so strömt der positive kosmische Oststrahl gegen uns, lähmt unsere eigene Kraft, wir werden

---

7 Es war der römische Geschichtsschreiber Tacitus, der als erster das germanische Volk glauben ließ, sie seien die Nachkommen der atlantisch-hyperboräischen Arier vom Nordpol. Er hatte erwähnt, dass er kaum glauben könne, ein Volk würde sich ein solch strenges Klima wie dasjenige Germaniens als Lebensraum erwählen, ganz zu schweigen davon, noch weiter nördlich zu leben. Später jedoch stimmte er jenen zu, die glaubten, die Germanen seien eine reine Rasse, die sich niemals mit einer anderen vermischt hätte. Dies wurde durch ihre deutliche familiäre Ähnlichkeit zur Schau getragen, sowohl körperlich als auch dem Charakter nach, obgleich sie zahlreich waren. Sie alle hatten harte blaue Augen, rötlichblondes Haar und waren von großer körperlicher Erscheinung – das Bild des großen blonden Nordariers, entworfen von Tacitus, das später das Rassenideal der Hitler-Nazis werden sollte, obwohl Hitler selbst und viele seiner Nazi-Kollegen klein und dunkelhaarig waren und in ihrem allgemeinen Erscheinungsbild typisch südeuropäisch wirkten. Zitiert nach: www.hohle-erde.de/body_gforster.html. (rs)

gewaltsam ungepolt, wir können nur passiv nehmen. Will der Priester seinerseits den Gläubigen geben, dreht er sich um und nun wird es ihm leicht, auszuspenden. Diese Gesichtspunkte auf unsere Schrift angewandt, ergeben die geeigneten Schreibrichtungen. Schreiben wir mit der rechten Hand von rechts nach links, so sind wir gleich dem Priester, der vor dem Altar steht und nach Osten betend und empfangend steht. Wer geben will, muss umgekehrt schreiben.

Man ist geteilter Meinung, welches die beste Stellung des Pentagramms sei, ob eine Spitze nach oben und zwei nach unten, oder umgekehrt.

Es soll schwarzmagisch sein, wenn zwei Spitzen nach oben gerichtet sind. Es kommt hierbei wohl auf die Auffassung an. Betrachte ich die zwei Spitzen als zwei ausgestreckte Hände, wobei die Füße aneinander gepresst, also unbeweglich oder gefesselt erscheinen, so empfinde ich das als die bittende Stellung des Kraftlosen. Umgekehrt erblicke ich die Teilung des göttlichen Kraftstromes, die gleich stark wirkend ist für die sichtbare und unsichtbare Welt. Je nach der eigenen Auffassung wird die Art der Aufzeichnung bestimmt, auch der Pendelausschlag.

Agrippa von Nettesheim[8] hat in das Pentagramm den Menschen gezeichnet. Da entsprechen die beiden Arme und Füße nebst dem Kopf den fünf Spitzen des Fünfsterns. Das soll ein Beweis sein für die Harmonie im Körperbau. Diese hat auch eine geistige Idee zum Ausgang, das stimmt überein mit der Deutung dieses Symbols als eines geistigen Kraftbildes.

Eine schwarzmagische Anwendung würde demnach die Entziehung der geistigen Kraft bedeuten. Da jedoch immer eine Gebelinie mit einer Verteilungslinie verbunden ist, die einzige waagerechte Linie auch nicht ohne weitere Verbindung leer ausgeht, wie beim Kreuz, so kann ich mir die Möglichkeit der schwarzmagischen Anwendung nicht vorstellen.

Es wird die Meinung geäußert, das Pentagramm sei durch die Verbindung der 5 Planeten ohne Sonne und Mond entstanden, wie das Heptagramm (Siebenstern) mit diesen. Warum? Die Neigung zu solchen Verbindungen ist aus verschiedenen Ursachen gegeben, z. B. aus der Kabbala, die Planeten geben nur die materiell-natürliche Gleichung, nicht die magische Kraft.

---

[8] Heinrich (Henricus) Agrippa von Nettesheim (1486–1535) war ein humanistischer Gelehrter, Jurist und Arzt. Er zählt wegen seiner Auseinandersetzung mit Okkultismus und Alchemie zu den bedeutenden Esoterikern. Die Gedankenwelt Agrippas erinnert in vielen Dingen an jene Erasmus von Rotterdams. Agrippa gilt als Neuplatoniker.
Quelle: http://de.wikipedia.org/wiki/Heinrich_Cornelius_Agrippa_von_Nettesheim. (rs)

Hexagramm – Davids Schild

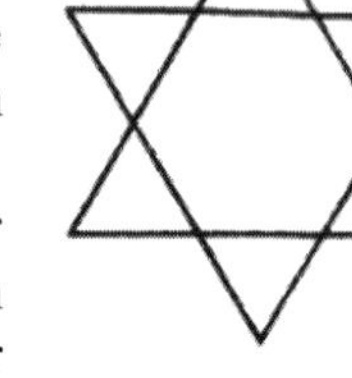

Die Erklärung dafür lautet: Das herabsteigende Dreieck ist die göttliche Kraft, die Sonne, das aufsteigende Dreieck ist die nach oben, dem Geist, dem Göttlichen strebende menschliche Seele. Es ist somit das von Gott erfüllte Sein überhaupt.
Schreibe das Symbol mit vollem Bewusstsein, gemäß der Anleitung, die beim Dreieck gegeben. Setze den Pendel in den Mittelpunkt, es wird ein Kreis gebildet, der weit über die sechs Sternspitzen hinausgeht. Das war zu erwarten.

Jetzt wollen wir einen Schritt weitergehen, den du nun auch zurückgehen kannst, um die bereits besprochenen Symbole daraufhin zu prüfen: Wir fragen nicht mehr „pendele die Kraft des Symbols", sondern „pendele die Art der Kraft dieses Symbols aus". Du bekommst die schrägen Ausschläge von der Mitte nach links hinauf, die bei der Charakterpendelung als Geist gedeutet wird.

Nämlich  Geist, nicht Verstand!

Frage weiter nach dem Ego, der Seele des Symbols, da bleibt der Pendel stehen. Weil nicht vorhanden!
Dieses Ergebnis ist besonders wichtig, weil es ein Beweis für die Kraft des Symbols ist. Denn diese Kraft ist ausgependelt, nicht deine Schrift, bei der die Frage nach dem Ich, der Seele, dem Triebleben sofort durch Ausschläge beantwortet wird. Du siehst, wir sind auf dem richtigen Weg!

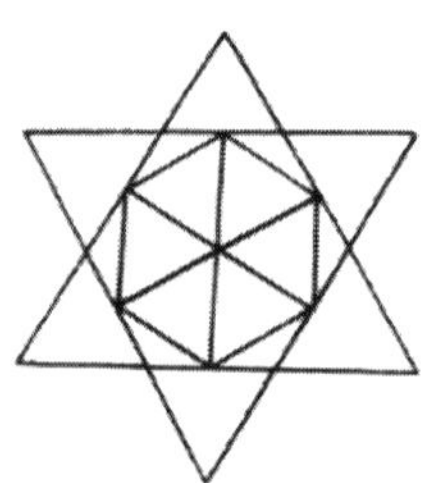

Jetzt wollen wir aus dem 2 x 3 ein 3 x 3 machen, indem wir in das 6-eckige Feld ein neues Symbol setzen. Einen zweiten Davids-Schild können wir nicht organisch hineinsetzen, sondern nur dieses Symbol ✳, das ist die *Hagalrune.* Diese Hagalrune enthält alle anderen Runen! Es lassen sich so viele Runen daraus ableiten, dass 2–3 volle Alphabete entnommen werden können. Die Linien dieser Rune werden von oben nach unten gezogen, als die Kräfte der dreifachen Wirkung: Werden, Walten, Wandeln. Die Pendellinie ist eine große Ellipse, und fragst du nach der Art der Kraft, erhältst du die Ich-Linie! Also Persönlichkeit in voller Geschlossenheit.

Eine alte Geschichte wird überliefert, welche uns hier eine Erklärung geben kann. So heißt es in Moscheroschs „Wunderlieben wahrhaftigen Gesichten Philanders von Sittewald", Straßburg 1665 II/672: „Wenn ich des Morgens aufstehe, sprach Gschwebbt – ein Kroat –, so spreche ich ein gantz Abc, darin sind alle Gebeth begriffen, unser HErr Gott mag sich danach die Buchstaben selbst zusammenlesen und Gebethe draus machen, wie er will. Ich könts so wohl nicht, er kann es noch besser.“ (Zitiert nach Franz Dornsief „Das Alphabet in Mystik und Magie“, Leipzig 1922. Heft VII der Franz Boll’schen Sammlung *ΣΤΟΙΧΕΙΑ*)[9] Dieses ganze Abc haben wir in der im Hexagramm eingeschlossenen Hagalrune.

Unser Pendelbild ändert sich nun, der Kreis erhält die aus der Charakterpendelung bekannte mentale Erhöhung, und fragen wir nach der Art der Kraft, so kennzeichnet der Pendel sie zuerst durch die Linie des Ich, Nord-Süd, dann kommt etwa ein Viertel Ausschläge Kreise und ein Viertel schräge Geistlinie. Hieraus geht hervor, dass durch die Einfügung der Hagalrune das Symbol vollständig geworden ist: Der passive Geist ist persönlich wirkend geworden.

Die stärkere Wirkung kann leicht erprobt werden, wenn man den Sechsstern ohne und mit der Hagalrune (Deren Bedeutung ist: Ich hege das All!) als Kraftspender zu einer Person in Beziehung bringt. Lege ein Lichtbild, ein Schriftstück, deine Hand *darunter* (also nicht seitwärts!), dann wirst du Freude an den gewaltigen Einkreisungen haben.

Der magische Bleistift

Ich komme jetzt zurück auf die Ansicht von Prof. Wittmann, die im Buch I der Pendelbücherei mitgeteilt wurde: Der Pendel folge immer den Formen der ausgependelten Objekte. Bei unseren magischen Untersuchungen könnten Bestätigungen gefunden werden. Allerdings nicht immer! So will der Pendel bei der Hagalrune nicht der Linie von rechts oben nach links unten folgen. Die Ausschläge gehen auch weit über das Bild hinaus.

Zunächst haben wir festgestellt, dass kraftlose Objekte überhaupt nicht pendeln! Nehme ich nun einen entodeten Bleistift, so wird der darüber gehaltene Pendel im Stillstand bleiben. Jetzt fixieren wir den Bleistift mit den Augen, bald wird der Pendel in Schwung kommen und wird die Umrisslinien des Bleistifts zeichnen. Was ist geschehen? Der Bleistift ist magisch geladen worden, dasselbe, was wir beim „Bedenken“ eines reinen Papierblattes gemacht haben! Entlade den Bleistift, und der Pendel kommt in Ruhe.

Du kannst jetzt selbst den Irrtum von Prof. Wittmann beweisen.

[9] *Die Magie der Buchstaben besteht, die einzelnen Vokale haben kultische Bedeutung. Darunter gibt es Schriften von Kerning (Renata-Verlag Lorch), Sebattendorf, Türkische Freimaurerei, jetzt neu: Der brennende Busch von Weinfurter, Renata-Verlag. C. Rohm, Lorch.*

Der Kreis

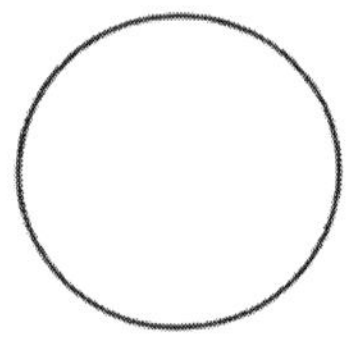

Das ist das Symbol der restlosen Geschlossenheit, wo weder Anfang noch Ende erkennbar ist, ohne Unterbrechung. Der Kreis schließt ein und begrenzt, er gibt mir aber auch die einzige Möglichkeit, das ununterbrochene Dasein darzustellen. Der Pendel kann nur eine Kreislinie pendeln. Die Kreislinie kann magisch nur mit Kräften geladen werden, die diesen Sinn haben, also Abwehr gegen feindliche, anstürmende Kräfte und einen Kraftstrom, der unendlich kreist, um eine Welt, eine Erde, ein Sein. Abwehr ist nur gegen feindliche Kräfte möglich, denn gegen die Gotteskraft lässt sich kein Schutzwall bauen. Daher ist dieser Kreis nicht in dämonisch-bösem Sinn zu verwenden. Nun ist uns der Schutzkreis, der magische Kreis, bei Beschwörungen verständlich geworden.

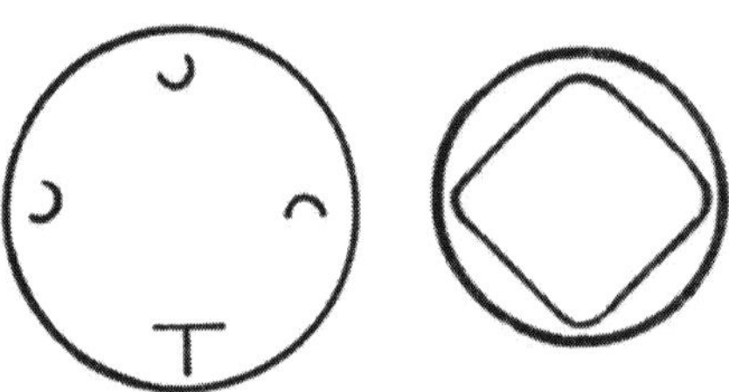

Der Kreis wird auch vielfach mit anderen Symbolen verbunden. Es kommen hinein Dreiecke, Vierecke, Buchstaben usw. Ein Sondersymbol ist das oben stehende, welches darstellt: Raum, Zeit, Materie und die „ewige Substanz zu Einem“, es hat den Namen „Immer“.

Pendelfigur: Kreis mit Quadrat bei abgerundeten Ecken.

Pendelbild: Positiv gebend. Ausgießung.

Pendelbild: Negativ nehmend. Empfangend.

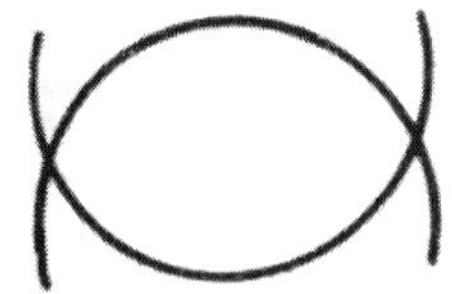 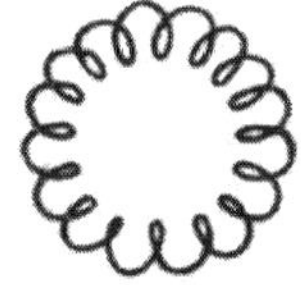

Pendelbild: Gebend und nehmend, der Ausgleich. Die Ehe.

Die letzteren Figuren sind mehr Sinnbild als Symbol! Das Sinnbild regt zum Nachdenken des Zusammenhangs an, das Symbol strahlt magische Kraft aus, wenn welche hineingelegt wurde. Es kann ein Sinnbild durch „Ladung" ein Symbol werden, aber es ist immerhin schwierig, hohe Geisteskräfte hineinzubannen. Solcher Sinnbilder gibt es unzählige, auch in der magischen Literatur, es sind immer Teilstücke von echten Symbolen, die daher nur einen geringeren Wert haben.

Das sollte noch einmal deutlich ausgesprochen werden.

Das Mal-Kreuz

Dieses lässt sich auflösen in zwei rechte Winkel und die breiten Pfeilspitzen gleichen und die sich mit den Spitzen treffen. Oder es wird durch zwei sich kreuzende Linien dargestellt. Diese letzte üblichere Form untersuchen wir zuerst. Schreibe es mit Kraftströmen, einmal gibst du Geist, einmal Seele, Liebe, Güte hinein, wie du es aus der Charakterpendelung kennst.

Der Pendel schlägt waagerecht!

Führe den Pendel auf und ab, es bleibt bei der Ost-West-Linie.

Das ist demnach die umgelegte Hagalrune. Ein Sechsstern. In der Astrologie dient dieser aus drei Linien gebildete Sechsstern als Zeichen für den günstig wirkenden 60-Grad-Aspekt. 6 x 60 = 360, der volle Kreis! Da erkennst du den natürlichen Zusammenhang des Sextils mit den magischen Kräften. *Denn dieselben Kräfte, die du in ein Symbol legen kannst, du als Mikrokosmos, legt auch der Makrokosmos hinein! Du kannst nicht gegen den Strom des Weltgeistes wirken! Nur in Übereinstimmung damit vermagst du Kräfte auszusenden!* Wir haben nun den guten Sinn der waagerechten Pendellinie erfasst. In der Charakterpendelung finden wir sie in der Linie des Sexualtriebes und in der Auspendelung des Körpers über dem Geschlechtsorgan. Diese Verbindungen treten damit plastisch vor Augen. Nur, wenn Geist und Liebe im Pendelbild mit der waagerechten Linie verbunden erscheinen, haben wir die schönste Ausbildung vor uns. Allein auftretend ist die Ost-West-Linie trennend und von bösartigem Charakter.

Die rechten Winkel └ ┐ ∧ ∨ sind für sich zu betrachten. Das Quadrat kann im Gegensatz vom Kreis schwarzmagisch geladen und verwendet werden. Wie ist es nun mit dem Halbquadrat, dem rechten Winkel? In der Astrologie wird er benutzt, um einen halbstarken schlechten Aspekt anzuzeigen, während das Quadrat die schlechteste Wirkung bezeichnet und das Dreieck die allergünstigste.

Die Pendellinie könnte Güte und Liebe angeben, es ist jedoch bemerkenswert, dass dieses Symbol durch folgenden waagerechten Trennstrich abgelehnt wird! Wird auch abgelehnt, wenn es mit Personen in Verbindung gebracht wird! Wir müssen daher die Linie so deuten: Der gute Kraftstrahl von oben wird abgebogen, verhindert, abgeleitet. Eine schwarzmagische Wirkung ist möglich!

Dasselbe Pendelbild!

Die Wirkung ist günstig, der Pendel schlägt Ovale.

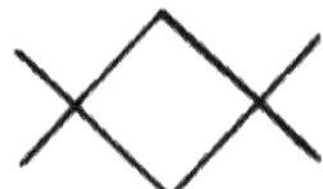

Das ist Winkelmaß und Zirkel, ein von den Freimaurern benutztes Symbol. Dieses pendelt einen weiten, schönen Kreis, der auch bleibt, wenn dieses Symbol mit Personen in Verbindung gebracht wird. Geist und Liebe in gleicher Kraft vereint, welche Bedeutung somit dem Kreis im höchsten Sinn innewohnt.

Da dasselbe Zeichen, nämlich der rechte Winkel, seine Bedeutung völlig mit der Richtung verändert, werden wir wieder auf das Symbol des Kreuzes geführt.
Dieses können wir in verborgener Weise durch vier rechte Winkel darstellen. Jetzt ändert sich das Pendelbild.

Der Pendel schlägt Kreise um den unbezeichneten Mittelpunkt!
Zeichnen wir diesen Pendelkreis in das Kreuz, so erhalten wir das Symbol der Rosenkreuzer. Wir brauchen die Blätter und Rosen nicht dabei zu malen, denn diese Ausschmückung verbirgt bloß das reine Ur-Kraft-Bild.

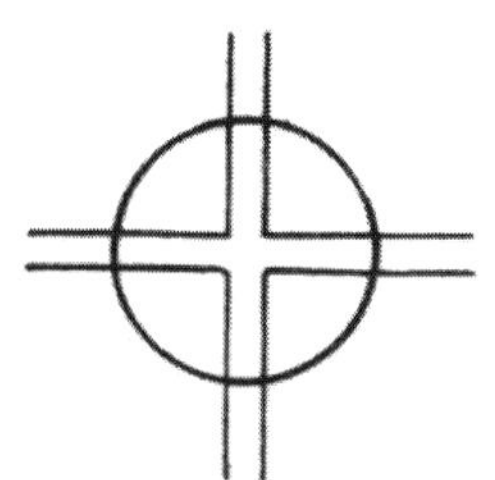

Man verstehe unter dem Kreuz mit dem Kreis = Sonne = Gott = Christus = Baldur = Mythras! Die Kraft des Rosenkreuzers ist dafür Sinnbild.
Diese Entwicklung des Malkreuzes gibt tiefe Erkenntnisse für die Grundlagen der angewandten Magie. Der Pendel schärft unseren Blick für die Grundbedeutungen aller Symbole, die wiederum nur Kraftströme bezeichnen.
Wir haben nun auch die mystischen unsichtbaren, d.h. nicht gezeichneten Linien kennen gelernt, die bei der Symboldeutung verstanden werden müssen.

Das einfache Linienkreuz + ist nicht das Christussymbol, sondern das aus vier Rechtwinkeln mit Abstand gebildete. So müssen wir auch bei der Hagalrune die Verbindungslinien hinzudenken, dann wird es erst die vollkommene gehegte oder hegende Rune.

Zu einem Rechteck können wir uns auch eine dritte Verbindungslinie hinzudenken, es wird ein *aber niemals ein gleichseitiges!* Dieses allein hat symbolische Bedeutung. Pendele das rechtwinklige Dreieck aus, Ergebnis: Querstrich ohne Milderung!

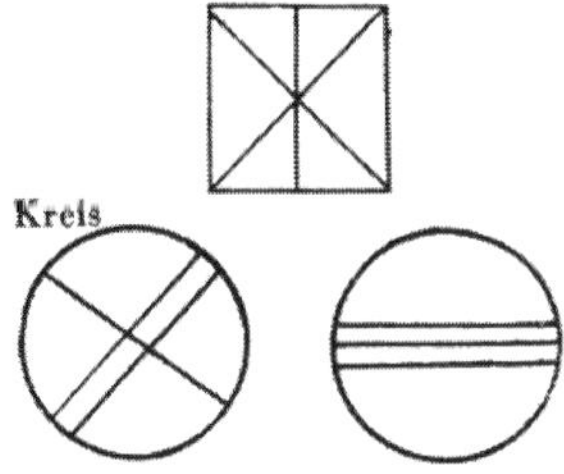

Die drei senkrechten Striche bedeuten immer die drei Grundkräfte der Schöpfung und des Schöpfers, egal welche Namen sie auch tragen. Du kannst sie beliebig verbinden, sie verändern ihren Charakter nicht. Wir können sie z. B. einzeichnen in ein Quadrat oder einen Kreis immer liefert der Pendel einen Kreisausschlag.
Ist das nicht eine wundervolle Erkenntnis?

Der Siebenstern

Die „Hebdomaden“, die Siebenteilung, stammt aus der Magie der Zahlen. Der Siebenstern wird nur benutzt, um die alten 7 Planeten auf die Wochentage zu verteilen. Oder auf die Töne. Ausgependelt erhalten wir einen Kreis, wie sich von selbst versteht. Für Symbol-Magie hat der Siebenstern keine Bedeutung. Er ist ein Sinnbild für alle kosmisch-planetaren Kräfte, für das Sonnenkraftsystem.

Ein *Kreis mit Aspektfiguren* ist ebenfalls magisch wertlos, was nach dem Gesagten sofort verständlich ist. Das ist nur eine grafische Darstellung ohne Eigenkraft. Darstellung in zwei Arten, davon wirkt die in der Mitte harmonischer, da die äußere verschroben erscheint. Beide sind mit einem Zug zu schreiben.

Das Achtkreuz

Ein seltenes, aber außerordentlich schönes Kreuz mit acht Ecken und 4 Malkreuzen ist auf einer Medaille abgebildet, die Ernst Darmstadter im 1. Jahrbuch für kosmo-biologische Forschung, Dom-Verlag Augsburg 1928, abbildet. Dieses Kreuz ist mit einem Zug zu schreiben, Form und Richtung der Linien schließen eine schwarzmagische Benutzung völlig aus.

Die Grundanlage ist astrologisch, die Dreiecke entsprechen den 12 Zeichen und Häusern. In die Ecken können Himmelsrichtungen und Elemente geschrieben werden. Somit ist es ein Horoskopsymbol, und zwar *das einzig magische.*

Achtecken

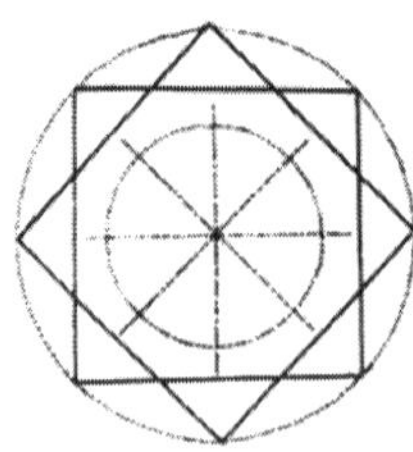

In die Materie, den Stoff, sinkt der gesetzmäßig denkende Geist mit formenden Vorstellungen, also das Gesetz, die Gebote: Du sollst...! Du musst...! *Gib Acht* auf Gedanken und Tat. Forme nichts ohne Geist. Was der Mensch schafft, ist beschränkt, abgeschlossen, begrenzt.

Die Pendellinien sind eingezeichnet: Zuerst ein kleiner Kreis, dann die beiden Kreuze, schließlich ein großer Kreis.

Vier-Dreieck-Stern

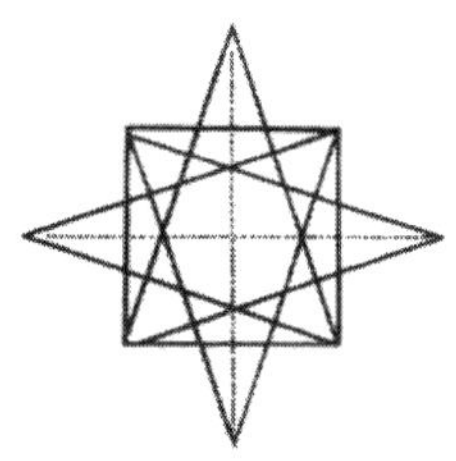

Dieser dritte achtspitzige Stern hat eine völlig andere Grundlage, er ist aus 4 Δ gebildet, nach allen vier Himmelsrichtungen weisend. Aber das Quadrat? Hier ist der Unterschied zwischen einem gleichseitigen Dreieck und einem ungleichseitigen zu erkennen und zu erfühlen: Das Verhältnis zwischen den Elementen Geist – Seele – Körper ist falsch geworden, ein Teil kommt zu kurz! Folglich ist der Vier-Dreieck-Stern ein Sinnbild für Dogmatiker, Zeloten[10], rücksichtslose Durchsetzung einseitiger Ideen, Versklavung, Schuldogmatismus, Kommunismus, also namentlich für Unterdrücker der Denk-, Glaubens- und Handlungsfreiheit. Hier werden die Dreiecke Dornen, die verwunden.

Pendellinie: Das Kreuz! Sehr passend! Die Leute mit dem Vier-Dreieck-Stern schlagen am liebsten jeden Andersdenkenden ans Kreuz, schlagen ihm den Schädel ein oder „stellen ihn an die Wand“.

Hierbei ist zu beachten: Wenn der Pendel von der waagerechten zur senkrechten Linie übergeht, macht er *Übergangsbewegungen.* Unerfahrene Pendler merken diese als Kreise oder Ellipsen an, als zum Pendelbild gehörend. Das ist falsch! Übergangsbewegungen sind keine Charakterlinien!

Der Sowjetstern

Der Kommunismus hat nicht das richtige Sinnbild erwählt, nämlich den obigen Vier-Dreieck-Stern, sondern einen Fünfeckstern. Da wurde der Meinung Ausdruck gegeben[11], die Bolschewiken hätten das Pentagramm genommen, das ist ein Irrtum!

Ich kenne den Sowjetstern nur als Fünferstern, nicht als Pentagramm! Das ist ein großer Unterschied! In dieser Form, ohne die inneren Verbindungslinien, ist es lediglich eine verschärfte Form vom Quadrat, es ist eine Bastion, eine Festung, weiter nichts! Und was sagt der Pendel? Stillstand! Versucht es doch nur, dieser zackigen Figur einen weißmagischen Sinn zu geben, sie kann nicht mit hohem, edlen Geist geladen werden!

Es sind 5 Spitzen da, gewiss: Wir haben 5 Finger, 5 Sinne, *die gezählt werden* (wir haben nämlich noch mehr, nur nicht so an besondere Organe gebunden!), das

---

10 Zeloten (aus dem Griechischen) waren Anhänger einer römerfeindlichen jüdischen Partei im 1. Jh., die aus den Pharisäern hervorgegangen sind. Danach gilt es als Bezeichnung für Glaubenseiferer oder Fanatiker. (rs)

11 *So von Dr. G. Lomer in seiner Schrift „Hakenkreuz und Sowjetstern“.*

sind vegetative, arbeitende Organe! Daher finden wir den Fünfstern als Blatt, wo er nicht so selten ist! In der Natur finden wir die Form oft. Also Organe als Mittel zum Zweck, nicht als selbstschöpferische Ur-Organe.
Wenn die Bolschewiken noch Sichel und Hammer in die Mitte setzen, so verstärkt das lediglich die beschriebene Bedeutung: Zwangsarbeit im umschlossenen, freiheitsnehmenden Raum, im „Turm oder Gefängnis". Auch das ist keine Phrase: In dieser Form werden Gefängnisse gebaut, wo der Ruhepunkt des Pendels ist, da hat in diesen „Pflege"-Häusern der Aufsichtführende seinen Beobachtungsstand. Der Unterschied zwischen Sowjetstern und Pentagramm ist besonders lehrreich.

Die Diagonale

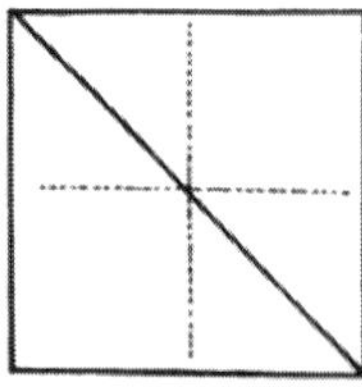

Die Diagonale in einem Viereck zerlegt dieses in zwei Dreiecke, die ungleichseitig sind. Hatten wir beim Vier-Dreieck-Stern Dreiecke mit verkleinerter Grundlinie, so hier mit einer verlängerten. Diese Bodenfläche dient beiden Dreiecken zugleich. Da erkennen wir das Übergewicht des Fundaments, das Mindergewicht von Geist und Seele. Zugleich sind sie verbunden, gemeinsame materielle Interessen, gesondertes Geistes- und Seelenleben: Der Schrägstrich ist kein Malkreuz geworden! Also: Aufsaugung, Verbindung, Vergesellschaftung ohne Anpassung des Geistigen und Seelischen. Der Schrägstrich ist ein Trennstrich für eine Masse geworden. In diesem Sinnbild fehlt Liebe, dafür harte Notwendigkeit.
Pendelbild: ein Kreuz!

Achtsterne

Zum Unterschied vom Achtkreuz! Ist in zwei Formen üblich, die hier ineinander gezeichnet sind: Der Kreis mit 8 Zacken oder der Stern in einem Zuge gezogen.
Äußere Harmonie ist der Eindruck dieses Sinnbildes, Schönheit durch Rhythmus und das kommt in der zusammengelegten Form, wie hier gezeigt, am besten zur Geltung. Es ist ein schöner Ordensstern. Der Pendel bildet Kreislinien. Je nachdem, ob der Magier den Geist mehr betont oder die Seele, erhält die Pendellinie Ausbuchtungen: die mentale Erhöhung, die seelische Erhöhung, wie wir das aus der Charakterpendelung kennen. Dieses Sinnbild wird auch für das Sonnensystem gebraucht, Harmonie im All, Gesetzmäßigkeit im All.

Drei-Dreieck-Stern

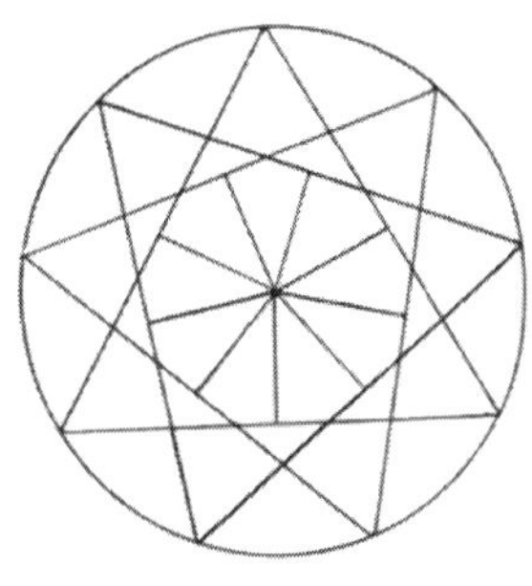

Woher der Glücksklee stammt?

3 gleichseitige Dreiecke im Kreis. Die besondere Bedeutung dieses Symbols ergibt sich schon aus der Tatsache, dass sich wie beim Pentagramm im Innenraum jeweils wieder ein Drei-Dreieck-Stern zeichnen lässt, kein anderes Symbol findet darin eine natürlich gegebene Fortsetzung. Es ist das Symbol der Weisheit, Erkenntnis, der Stern des Gottsuchers. Überall, in allen Reichen der Natur, dieselbe Dreiheit: „In der Vielheit die Dreiheit, in der Dreiheit die Einheit.“, wie ich das in meinem Deutschen Tarotbuch[12] ausgedrückt habe. Hier ist weder Leid noch Freud, sondern die göttliche Urkraft in ihren drei Ausdrucksformen.

Pendelbild (links): Kreis und weite Ellipsen nach allen Seiten drehend.

Jedoch ein *Sinnbild* findet darin Platz: das vierblättrige Kleeblatt, der „Glücksklee“!

Symbol als Sinnbild („Charaktere“)

Hierunter fallen Zeichen, die symbolische Elemente enthalten und die hauptsächlich mit Astrologie und Schriftzeichen zusammenhängen. Zunächst zitiere ich *Paracelsus* aus seiner „Erklärung der gantzen Astronomey“, Probativ in scientiam Magicam.

„Erstlich vor allen Dingen will ich Euch die Underricht geben, zu verstehen was Magien sey. Eben das ist sie, daß sie die Himmlische Kräfft mag in das Medium bringen, und auß demselbigen sein Operation verbringen. Das Medium ist der Centrum, der Centrum ist d'Mensch: Also mag durch den Menschen die Himmlische Macht in den Menschen bracht werden, also das im selbigen Menschen erfunden wirdh dieselbig Wirckung, so in derselbigen Constellation möglich ist.

Also sind zweyerley Wirkung in der Scientia Magica: Eine, die die Natur selbst macht, es sey, das sie fürnehme ein Menschen, durch den sie wircke und demselbigen ihr Influentz mittheil, es sey gut oder böß; oder sie treibt's in ein Subicotum dardurch sie wirket, als in Bilder, Stein, Kreutter, Wörtter.

Was die Natur vermag in einem frembden Corpus zu vollbringen, das vermag auch der Mensch, das er dieselbigen Operationes dahin mag bringen, da die

12 Das Deutsche Tarotbuch von A. Frank Glahn wurde 1979 im Bauer Verlag Freiburg neu aufgelegt. (rs)

Conaption hingebracht mag werden: also das ein Bildt, das weder Blut noch Fleisch hadt, ein Cometen gleich ist: daß auch die Wörter und Charakteres Krafft haben, sowol als Artzeney.“ (Zitiert von E. Darmstaedter, 1. Jahrbuch für kosmobiologische Forschung, Augsburg 1928.)
Paracelsus vertritt hier dieselbe Meinung, die ich hier lehre, indem ich die Strahlkräfte mit dem Pendel nachweise, somit von der Hypothese zur Begründung übergehe.
Nur in einem, allerdings wichtigen Punkt, weiche ich ab: Ich halte alle Wörter, Bilder und Zeichen für kraftlos, die unbewusst kraftlos hergestellt werden. Die Kraft wohnt nicht von vornherein darin, sondern sie muss bewusst hineingelegt werden. Das ist wiederum nur dann möglich, wenn das „Medium“, also Zeichen, Bild usw., der astralen Kraft entspricht. Nur ein an sich guter, nach Höherem strebender Mensch kann gute Kräfte übertragen. Um satanisch wirken zu können, muss man schon ein Satan sein.
Die „kosmischen Konstellationen“ wechseln ab. Jede große Periode, angegeben durch die Wanderung der Präzession der Sonne durch eins der zwölf Zeichen des Tierkreises, verändert die Symbolik in Einzelheiten. So *war* das Lamm ein starkes Symbol der vorchristlichen Zeit, so *ist* der Fisch das Symbol der ersten Christenheit. Auf diese Dinge kann hier nur, als zur Wissenschaft gehörend, hingewiesen werden, da hier lediglich die magische Pendelpraxis gelehrt wird.

Die Tierkreiszeichen

Das sind zusammengezogene Bilder von bildlichen Darstellungen, wie frühere Schriften auch schon auf dieser Grundlage entstanden sind. Sie gleichen stenografischen Abkürzungen, die sich auch in die Sprache übertragen haben.

HA
So ist P oder Hapag
AG

die Abkürzung von Hamburg-Amerika Paketfahrt-Aktiengesellschaft. Am besten ist die Art bei dem Symbol für das Zeichen Waage zu erkennen, ♎ ist der Waagbalken, ♈ = Widder sind die Widderhörner, den übrigen Körper kann man sich hinzudenken. ♉ = Stier ist der vereinfachte Kuhkopf. ♌ = Löwe ist Kopf-Rücken-Schwanzlinie eines liegenden Löwen. Jedes Symbol des Tierkreises ist so zu erklären, woraus hervorgeht, dass irgendwelche magische Bedeutung fehlt.

Symbolik der Zwölf

Der Zwölfstern versinnbildlicht einen wichtigen Teil der Mythologie, er erklärt die obere geistige oder „einwirkende“ Welt, und die untere verstofflichte „auswirkende“ Welt. Die Zwölf begegnet uns überall, in der Astrologie die zwölf Himmelszeichen und die Zwölf „Häuser“ oder Felder des Horoskops, in der Götterlehre die zwölf Jünger oder Apostel, die zwölf Stämme, die zwölf Asen der nordischen, die Götter der griechischen, römischen, ägyptischen Götter. Der „einwirkende“ geistige Zwölfstern ist gebildet aus dem aufgerichteten und dem seitlich gerollten Davidschild, der „auswirkende“ verstofflichte Zwölfstern aus drei Vierecken.

Aus dieser Darstellung ergibt sich der Irrtum einer Auffassung des seitlich gerollten Davidschildes als schwarzmagisches Sinnbild, als „gestürzte Himmelsmacht“, als Bild des Satans.

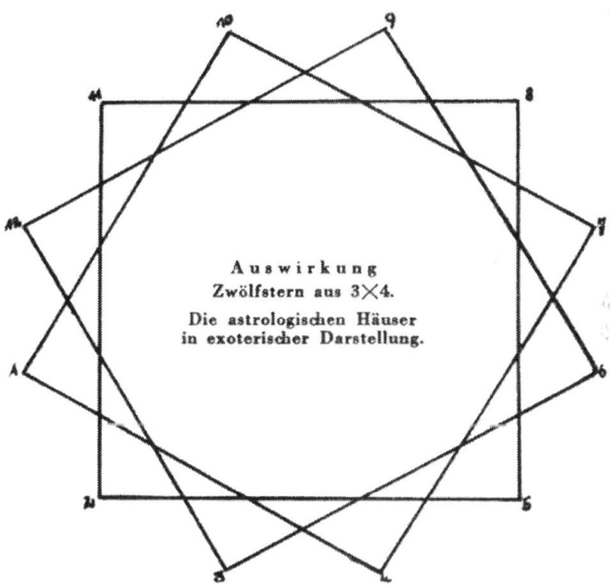

1 – 5 – 9 ist das abgespaltene „Ich“ (Jeder Mensch ist eine Abspaltung des göttlichen „Ich“), was wir den Menschen nennen, als Ich, Seele und Geist.

7 – 11 – 3 ist das schicksalhaft verbundene andere Ich, ebenfalls als Ich, Seele und Geist.

2 – 6 – 10 schildern die Pflichten in der Umwelt.

4 – 8 – 12 die Heime, Heimlichkeiten, hüben wie drüben.

Die geistige Astrologie hat hierfür viele Deutungen, auf die hingewiesen werden muss, da eine Darlegung über die Absicht dieses Pendellehrbuches hinausgeht. Andererseits ist die Viereckbildung maßgeblich für das „Ich“ in seinem schicksalhaften irdischen Leben.

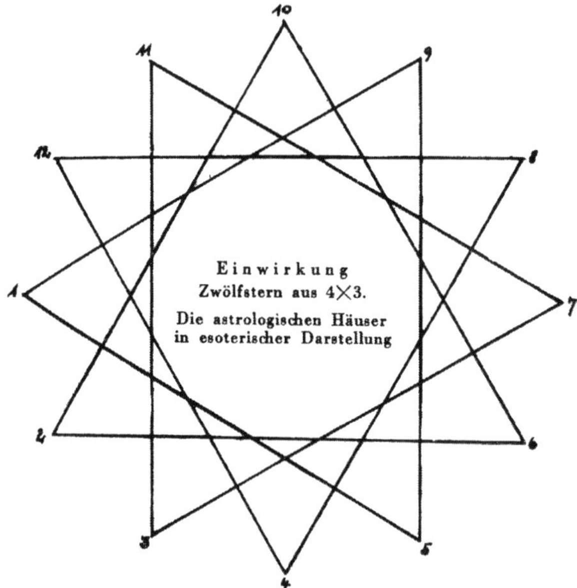

Da verbinden sich 1 – 4 – 7 – 10 zum Sein und Wirken in Zeit und Raum, als Ziel- und Endpunkt.
2 – 5 – 8 – 11 schildern die Seele in ihrem verstofflichten Wirkungskreis.
3 – 6 – 9 – 12 deuten die unfassbaren Einflüsse an, Vernunft, Verstand, den Zwang zum Schaffen in der Gemeinschaft, die Abhängigkeit von geistigen Mächten, die Hemmungen, die überall hindern.
Die Verbindung mit der einwirkenden Welt ist dabei deutlich: 1 – 2 – 3 führen jetzt ein und an in dem verstofflichten Dasein.
Jede Gruppe aus 12 Teilen lässt sich in diese Sinnbilder teilen, immer in 4 Gruppen zu 3 Einheiten und 3 Gruppen in 4 Einheiten.
Dazu ein praktischer Hinweis.
Nach der christlichen Lehre besteht die Gottheit aus drei Gottheiten, dazu die Kirche = 4. Folglich ist die Kirche eine Auswirkung. Da alles Ausgewirkte dem Wechsel unterworfen ist, dem Stirb und Werde, so findet ein Sterben und Werden auch in den Kirchen statt. Die Kirchengeschichte lehrt diesen Vorgang, unsere heutigen Kirchen sind in keiner Beziehung gleich dem Christentum des ersten Jahrhunderts, schon im 4. Jahrhundert ist die Kirche grundverschieden von dem Ur-Christentum. Wer sich daher im Kirchenleben erschöpft, bleibt immer eingespannt in das wechselnde Dasein, in die vierte Einheit. Erst wer über die 4 hin-

auswächst, in die 3, vergeistigt sich. Deshalb sind alle Vergottlichten, genannt Mystiker, nicht mehr im Sinn der Kirchen fromm. Diese Mystik finden wir in der Lehre von Buddha, der Lehre der Brahmanen, bei den Großen Deutschen Meistern Eckehard[13], J.J. Böhme[14] u.a. im Ausdruck völlig verschieden, ist der Sinn derselbe, die Lehre von der Vergeistigung in 4 x 3, welche Formel nun verständlich ist.

Da die geistigen Seins-Einheiten stofflos sind, so müssen sie, vom Standpunkt der „Quadratmenschen" aus gesehen (= „exakte Wissenschaft"), als Nichts bezeichnet werden. Es ist durchaus richtig von dem Quadratmenschen gesagt: „Ich habe die ganze Welt durchforscht und keinen Gott gefunden." Das Ur-Sein ist vor dem Stoff da, folglich ... Nichts! Damit ist dieser Ausdruck der deutschen Mystiker auch erklärt.

Und die Bedeutung des Zwölfsterns, der nun vom Magier mit den richtigen Kräften geladen werden kann.

Planetensymbole

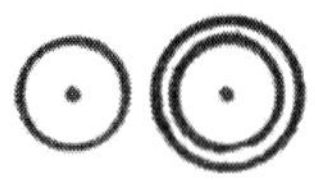

Sonne. Schreibe das Zeichen mit starker Konzentration auf die Sonne. Das Zeichen pendelt einen Kreis, wie überhaupt jeder Kreis. Somit eine Übermittlung kosmischer Strahlung. Der Punkt macht die Kraft sachlich, im Gegensatz zum punktlosen Kreis, der schöpferische Geisteskraft vermittelt. Diese wird auch als geistige Sonne bezeichnet, dem irdischen Auge unsichtbar. Das Symbol dafür ist das Sonnenzeichen innerhalb eines größeren Kreises. Ausgesprochen wird dieses Psychelia. Der Pendel schlägt die Kreise viel weiter, über das mehrfache des Durchmessers vom Zeichen.

---

13 Eckhart von Hochheim, besser bekannt als Meister Eckehart (* um 1260 in Tambach (südlich von Gotha) oder in Hochheim (nordöstlich von Gotha); † 1327/1328 in Köln oder Avignon), war einer der bedeutendsten Theologen und Mystiker des christlichen Mittelalters. Weitere Informationen unter: http://de.wikipedia.org/wiki/Meister_Eckehart. (rs)

14 Jakob Böhme, Mystiker und Naturphilosoph (* 1575 in Alt-Seidenberg bei Görlitz (Oberlausitz) als Sohn eines Bauern, † 17.11. 1624 in Görlitz). Da Böhme ein Grübler und tiefsinniger Denker war, las er eifrig die Bibel und allerlei mystische und naturphilosophische Schriften und wurde in seinem Denken und Forschen angeregt durch den Umgang mit Anhängern des Theophrastus Paracelsus, Valentin Weigel und Kaspar Schwenckfeld. B. dachte über die Frage nach, wie aus der göttlichen Einheit die Welt mit ihrer Mannigfaltigkeit entstanden sei, und geriet dabei in schwere Zweifel an der überlieferten kirchlichen Schöpfungslehre. Jahrelang rang er um das Verständnis des Natur und Geschichte bestimmenden Gegensatzes zwischen Gut und Böse, bis ihm durch visionäre Erlebnisse Klarheit zuteil wurde über das Verhältnis der Schöpfung und des in der Welt vorhandenen Bösen zu Gott als dem Schöpfer einer vollkommenen Welt. Quelle: www.bautz.de (rs)

Das sind alte magische Sonnensymbole des Mittelalters, wie sie Agrippa von Nettesheim u. a. überliefert haben. Sie entstammen der kabbalistischen Magie und gehen von der Vorstellung aus, die Sonne sei der Körper des personifizierten Sonnengeistes. Dem entspricht dann der Erdgeist, Merkurgeist, Saturngeist usw. Ob derartige „Intelligenzen" vorhanden sind oder nicht, entzieht sich unserer sachlichen Beobachtung. Wer in der Natur keinen Gott erkennt und mit geistigen Augen sieht, wird die „Diener Gottes", eben diese „Intelligenzen" noch viel weniger sehen. Das sei kein Streitpunkt. Jedenfalls lassen die Symbole die vorhandene magische Kraft erkennen. Das Pendelbild ist jedoch anders, es sieht schematisch aus: wie ein Rad. (s. rechts).

Die Wirkung muss nach dem bereits Gelernten gut sein. Die Symbole „sprechen" zu uns, sie wirken bildhaft auf uns ein, auch der Pendel vermittelt seelische Eindrücke. Da ist zu sagen, dass das Symbol der geistigen Sonne erhebend leidlos wirkt, die beiden andern hingegen leidvermittelnd. Etwa wie ein abklingender seelischer Schmerz, durch Tröstung und Fassung veredelt.

   = Psykomena

Der Mond. Die Sonne ist männlich und pendelt Kreise wie ein Mann, der Mond ist weiblich und pendelt wie eine Frau. Stellen wir die Frage nach der Art der vermittelten Kraft, so erhalten wir Kreise im rechten oberen Quadranten (siehe rechts) also Seele, Güte, natürliches Triebleben, da die Kreise sich über den Querbalken hinausziehen. Der geistige Mond heißt Psykomena, er gibt dieselben Linien, nur viel stärker und ausgreifender. Für die Pendelausschläge ist die Stellung des Mondes, ob abnehmend oder zunehmend, gleich. Das widerspricht durchaus der Theorie von Prof. Wittmann in Kiel.

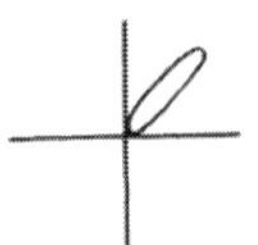

Pendelbild des magischen Mondcharakters: Anwachsende Ellipse, dann Kreise nach der rechten Seite, folgend abnehmbare Kreise bis zum Stillstand über der Mitte. Dieses Pendelbild ist günstiger als das von Psykomena.

Anmerkung: Beim Auspendeln von Symbolen sitze ich mit dem Gesicht nach Norden. Bei dem Vergleich von Personen lege ich das Vergleichsstück südlich darunter, also nicht seitlich!
Bei Händen kommt der Mittelfinger unter das Symbol.

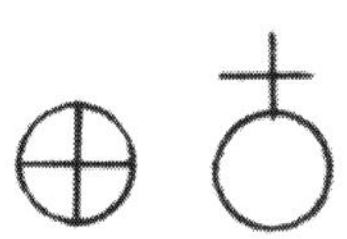

Erde. Dieses Planetensymbol pendelt einen Ost-West-Strich bis Ost-West-Ellipse schmal und zwar von Ost nach West ausschlagend. Die Frage nach der Art der Kraft wird mit Stillstand beantwortet. Warum? Weil der Pendler Blut vom Blute ist; was mit dem Pendler übereinstimmt, verursacht Pendelruhe, darauf beruht der Nachweis der Vaterschaft, die Feststellung eines Briefschreibers! Der Querstrich ist nicht bösartig, denn der Pendel stellt Verbindungskreise zwischen mir und dem Symbol her. Deutung: Triebleben!
Das ist „irdisch".

Merkur. Aus drei Elementen zusammengesetzt. Pendelfigur: Kreise, Ellipsen und, die Art der Kraft anzeigend, eine lange Reihe von nach links geneigten geraden Strichen. Aus der Charakterpendelung kennen wir diesen Anschlag: Verstand, Klugheit, Organisation. Damit ist Merkur zutreffend bezeichnet!

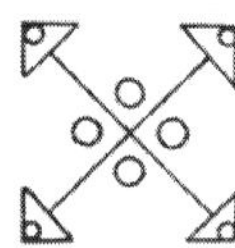

Dieselben Pendelfiguren wie vorstehend, jedoch stärkere Kreise, schwächere Ellipsen, dafür der Strich eher wie eine schmale Ellipse.

Venus. Der Planet der Liebe und Güte pendelt eine *liegende* Ellipse. Wir sehen hier den Unterschied zwischen dem körperlichen Liebestrieb, der durch den Ost-West-Strich bezeichnet wird, und der himmlischen Liebe. Wir finden in der Charakterpendelung diese Linie in Verbindung mit Kreisen bei Persönlichkeiten, denen göttliche Liebe und Güte eigen war. Etwa bei Jesus.

Dasselbe Pendelbild ergibt das magisch-kabbalistische Symbol, dessen Elemente genug von Liebe und Leid sprechen! Die Wirkung auf die Seele ist erstaunlich!

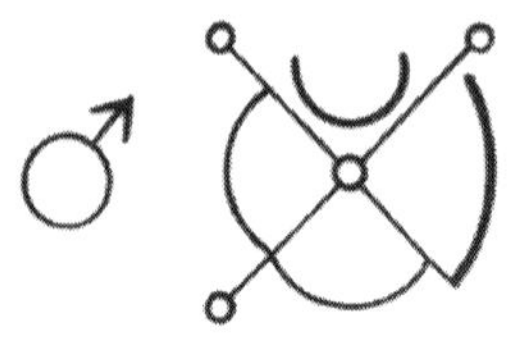

Mars, Willenskraft, Schärfe des Denkens. Pendelt den aus der Charakterpendelung bekannten Süd-Nord-Strich mit großer Ausdauer, nur zuletzt weicht er links ab und pendelt die schräge Merkurlinie. Stark ausgeprägte Nordlinien bekunden Herrschaft, Dominanz, auch Herrschsucht.

Das magisch-kabbalistische Symbol: also Kreis mit Pfeilspitze nach oben, gerade gerichtet.

Jupiter. Pendelt die Geistlinie, wie die Sonne. Bei der Frage nach dem Charakter wird eine fast kreisförmige Ellipse im rechten oberen Winkel gependelt, wo „Humanität“ zu suchen ist.

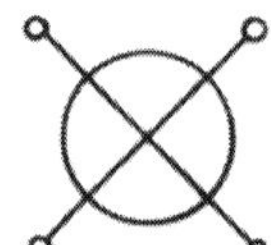

Das magisch-kabbalistische Symbol (rechts) pendelt erst einen Kreis, dann die Geistlinie wie oben; ist *also etwas sonnenhafter.* Charakter: wie vorstehend.

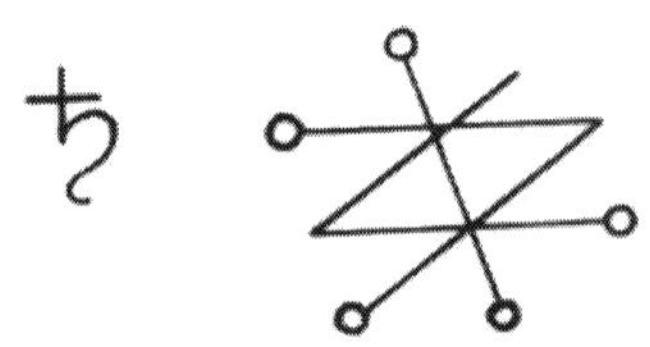

Saturn. Das ist für materielle Angelegenheiten der Schicksalsplanet, für rein geistige Sachen die „jenseitige Sonne“. Das Pendelbild drückte das eindeutig aus, beide Symbole haben dieselben Pendelausschläge: Strich nach Süden und Kreis. Das ist das Kreuz für die Charakterpendelung, die ♄-Pendel-Ausschläge sind verstärkt gezeichnet. In der Charakterpendelung haben wir gelernt, dass die Südlinie Verbindung mit dem Unterbewusstsein, dem Jenseitigen und auch mit dem Dämonischen hat. Das wird hier bestätigt. Schwarze Magie liegt vor, wenn anstelle des Kreises der punktierte Ausschlag kommt.

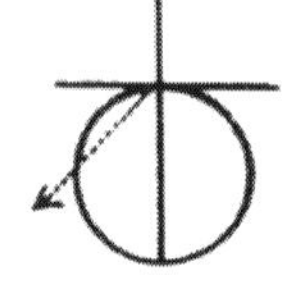

Saturn gilt selbst als Dämon!

Mit den neueren Planeten hat sich die Magie nicht befasst.

Bei den vorstehenden Pendelungen ging ich von der *magischen* Kraftwirkung aus. Es gibt aber noch einen anderen Weg zur Pendeluntersuchung, bei der wir den menschlichen Maßstab anlegen. Das geschieht, indem wir mit geistiger Kraft (= Konzentration) die Symbole niederschreiben und sie dann auspendeln, als hätten wir Menschen vor uns. Hierzu ist auch große Aufmerksamkeit vor sich. Ich pflege den Pendel über das Symbol zu bringen, dann schließe ich die Augen, stelle in Gedanken den Kreis von 360 Grad vor und in der Mitte das Zeichen. Wenn ich den Pendel in regelrechter Bewegung fühle, öffne ich die Augen und sehe die Ausschläge an. Wie bei all diesen Untersuchungen ist streng auf Ausschluss jeder Vorstellung von der Wahrscheinlichkeit der Pendellinie zu achten.

Die Symbole der Planeten, als Personen vorgestellt

Dieses Symbol pendelt einen normalen Kreis als Geschlechtslinie. Das Charakterdiagramm deutet an 1/12 Geist, 11/12 starkes Ego = Persönlichkeitsgefühl.

Dieses Symbol pendelt als Geschlechtslinie nie eine normale Ellipse von Nord-Süd. Das Charakterdiagramm bietet folgendes Bild:

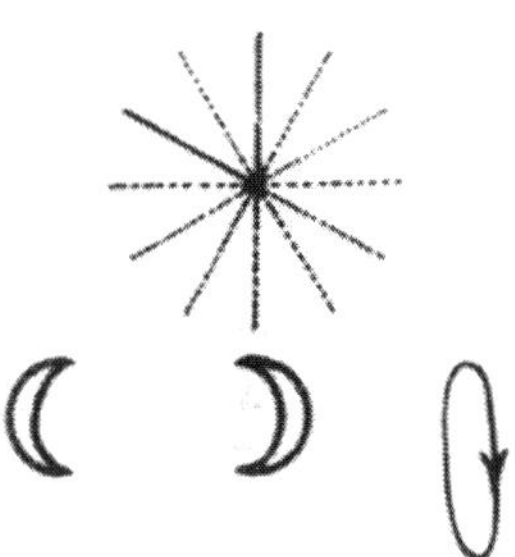

Die Linie des unbewussten Trieblebens hat, wie zu erwarten war, den überragenden Einfluss, dazu etwas Gemüt, etwas künstlerische Gestaltungskraft (wobei die Schwäche der Ausschläge auf geringe Stärke, also eher sentimentale Schöpfungen deutet), und durch die Zwischenlinie auf Manien (Trunksucht, abnormale Sinnenreizungen). Unerwarteterweise wurde der Verstand durch keinen Anschlag angedeutet. Die Linie des vegetativen Trieblebens wird durch merkliche Impulse verstärkt.

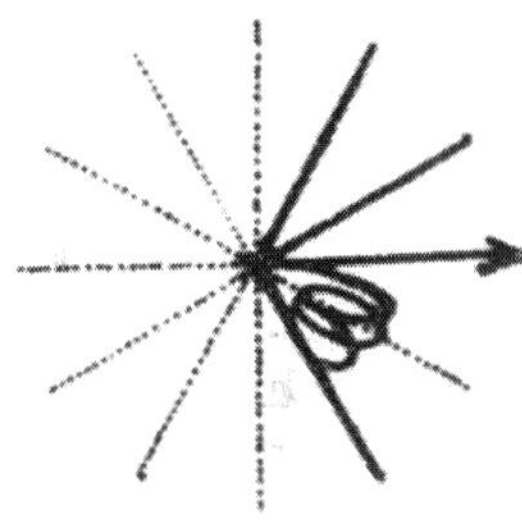

Dieses Symbol pendelt als Geschlechtslinie eine liegende O-W-Ellipse. Da liegende Ellipsen Naturleben in aller Einfalt andeuten, so müssen wir unsere Erde (*Mutter* Erde!) entsprechend einschätzen. Das Charakterdiagramm fällt etwas aus der Rolle: einen Kreis, eine liegende Ellipse und einen O-W-Strich. Das entspricht nur vereinten zeugenden Kräften!

Dieses Symbol pendelt als Geschlechtslinie eine normale Ellipse, die von links nach rechts unten schlägt. Das Charakterdiagramm bietet die Linien für Gemüt und künstlerisches Schaffen, dagegen ist die Linie des Trieblebens nicht vorhanden. Anschließend Kreise, auf Lebenskraft (Saftfülle) deutend.

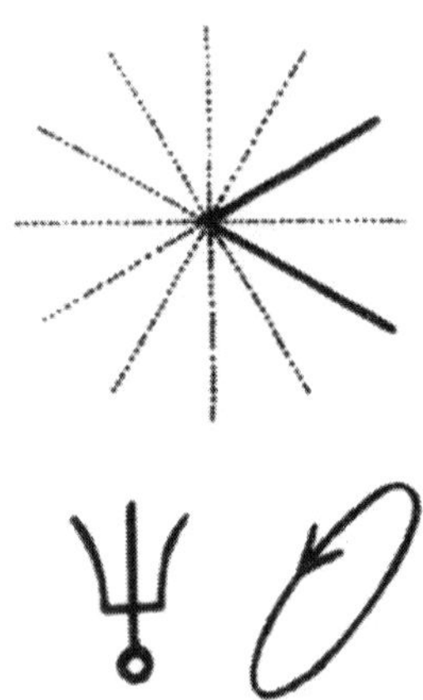

Dieses Symbol pendelt als Geschlechtslinie eine links herumgehende Ellipse von rechts oben nach links unten. Das Charakterdiagramm bietet in ziemlich gleichen Verhältnissen die Linie des vegetativen Trieblebens und der künstlerischen Intuition. Keine Einwirkung auf das Oberbewusstsein.

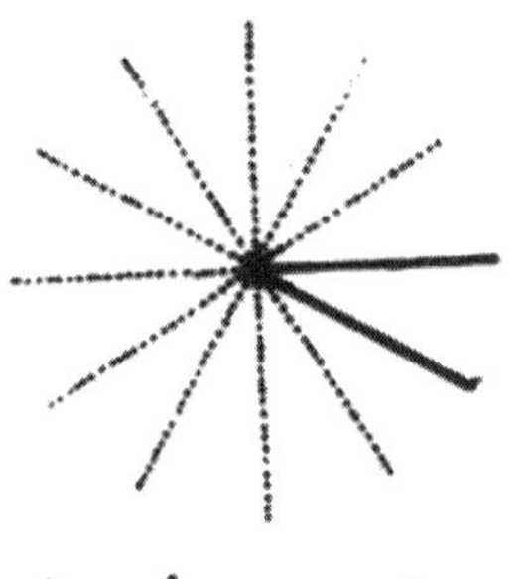

Dieses Symbol pendelt als Geschlechtslinie nach Stillstand ein zögerndes Dreieck. Dieselbe Figur pendelt auch das Gehirn des Menschen, zu dem Merkur ja die engste Verbindung hat. Das Charakterdiagramm zeichnet 3 Linien: Verstand, konstruktives Vermögen und Persönlichkeit = Ego. Das Verhältnis in der Zahl der Schwingungen ist 1:1.

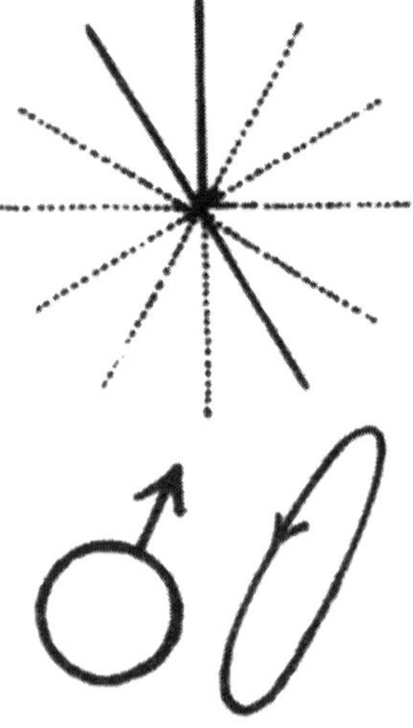

Dieses Symbol pendelt als Geschlechtslinie wie Neptun eine links herumgehende Ellipse. Das Charakterdiagramm ist reichlich mit 6 Linien versorgt, gemäß den üblichen Auffassungen über die Kraft des Planeten. Die Persönlichkeit = Ego und das gesamte Triebleben sind durch Impulse besonders lebhaft.

Dieses Symbol pendelt als Geschlechtslinie eine normale Ellipse von links oben nach rechts unten, wie Venus. Das Charakterdiagramm zeigt hauptsächlich die Linie des Geistes, dann die des Gemütes und der Lebenskraft an. Letztere haben je $^1/_3$ der Geistlinie.

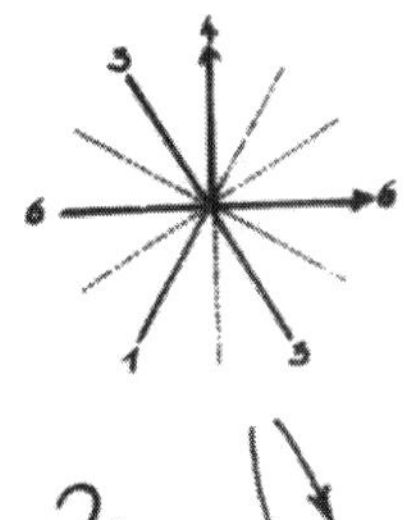

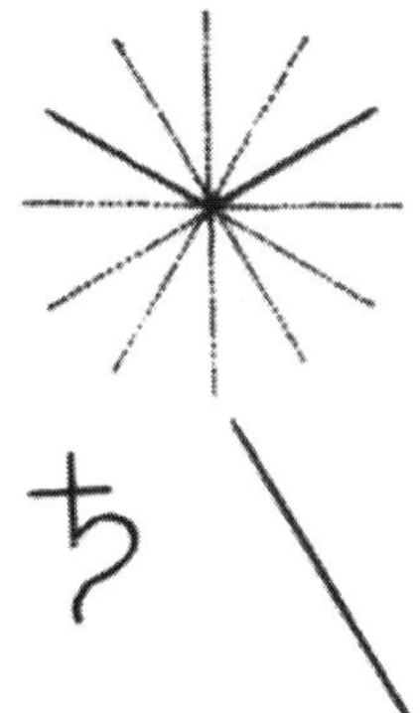

Dieses Symbol hat als Geschlechtslinie einen glatten Strich von rechts oben nach links unten.[15] Das Charakterdiagramm zeigt 2 Linien: die der Gemütshärte und der verminderten Lebenskraft im Verhältnis von 3:2.

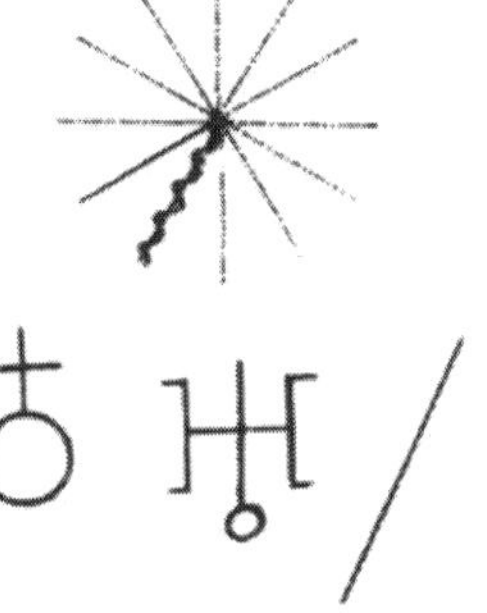

Diese beiden Symbole ergeben dasselbe Pendelbild! Die Geschlechtslinie hat einen glatten Strich von rechts oben nach links unten. Das Charakterdiagramm zeigt die beiden Linien der Humanität und der Konstruktion = Erfindung, im Verhältnis von 3:5.

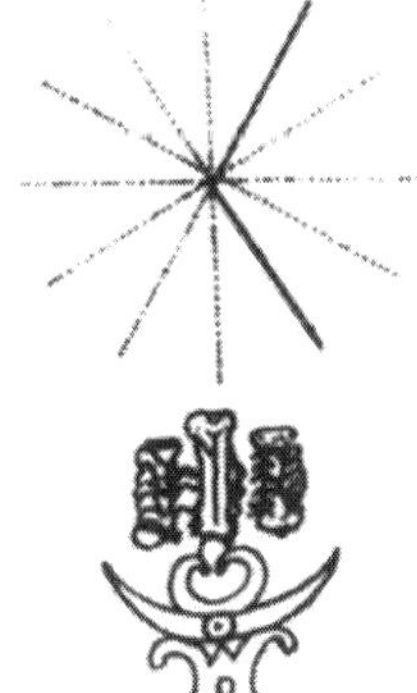

Bedeutungsvoll ist die gedankliche Verbindung zwischen Ring, Schlange, Drache und Weib, astrologisch zu erklären durch die Tierkreiszeichen Jungfrau, Waage und Skorpion. Darunter verbergen sich alle Mysterien von Zeugung, Sexualorgan (Ring!), Liebe und Tod. Dieses Mysterium liegt der Sage von Tristan und Isolde zugrunde. Tristan, gezeugt im Augenblick des väterlichen Todes, dem Liebestod geweiht. Es ist im Einzelfall nicht leicht, die eigentliche Absicht der alten Schriftsteller zu ergründen. Denn nicht zu übersehen ist die Wandlung vom geflügelten Engel über das Weib zum Drachendämon weiblicher Natur. Als sollte zum Ausdruck gebracht werden, das Weib, als Organ der schöpferischen Kraft,

---

[15] Dies sind die Original-Angaben, aber eigentlich müsste es heißen „… von links oben nach rechts unten". (D. V.)

sei zugleich Engel und Dämon. Es kann gelegentlich gelingen, mit dem Pendel eine Erleuchtung zu gewinnen, wenn alte Bücher mit solchen Symbolen ausgependelt werden. Doch prüfe man vorher, ob nicht Gedankenformen früherer Leser oder des Schreibers den Pendel geleitet haben! *Ur-Glyphen* gibt es, das kann angenommen werden! Die meisten, wenigstens die wichtigsten, sind von mir dargestellt worden. Zu diesen zähle ich die Symbole der Planeten. Nun ist ein neues Symbol zu bestimmen für den im Winter 1930 entdeckten Planeten Pluto[16] ♇. Dr. W. Mrcic teilte im „Zenit" eine Impression oder Schauung mit, die deutlich auf eine Glyphe hinweist, die aus dem Salomonischen Tempel bekannt ist. Die drei Federn entsprechen dem heraldischen Symbol der Lilie. Danach würde dieses Symbol für Pluto, der Idee des Todes und der Wiederkehr die Form einer geringelten Schlange haben. ⌇. Dieses Symbol kann in der Tat magisch benutzt werden! –

In Verbindung steht damit das Element Feuer. Hier schließt sich die Baldurmythe[17] an mit vielen anderen! Für den Forscher eine Folge von tiefen Erkenntnissen. Das Schlangensymbol steht für physische Regeneration und Unsterblichkeit, folglich auch für göttliche Weisheit.

Die Charakterdiagramme zusammengesetzt ergeben das volle Schema, wie ich es herausgefunden habe! Nicht eine Linie = Eigenschaft fehlt! Wie aber die Planeten das Schema füllen, ist für den Astrologen von Bedeutung. Es bestätigt sich der glückliche Charakter von Jupiter und Venus, der nachteilige materielle von Saturn, der vielseitige gute wie üble von Mars, aber auch der weibliche Charakter von Neptun wird erwiesen, den viele Astrologen zum Zwitter machen wollten.

Wichtige Aufschlüsse erhalten wir durch Gruppierung der Geschlechtslinien. Es sind vorhanden:

3 feurige männliche Planeten ☉ ♃ ♂

3 kalte männliche Planeten ☿ ♄ ♅

4 weibliche feuchte Planeten ☾ ♀ ♅ ♆

Werden die Geschlechtslinien dieser Gruppen vereinigt, so gewinnen wir folgende neuen Symbole:

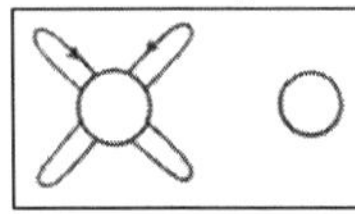

= Pendelbild (männlich feurig, teils trocken, teils feucht)

---

16 1930 wurde offiziell der letzte Planet unseres Sonnensystems entdeckt: Der Planet Pluto. Er ist (meistens) der von der Sonne entfernteste Planet und auch der kleinste. Ein paar Dinge hat man über diese ferne Welt in Erfahrung bringen können, obwohl bei Pluto noch nie eine Raumsonde vorbeigeflogen ist. Auch stellte man fest, dass Pluto nur der größte Vertreter einer ganzen Klasse von Objekten am Rande des Planetensystems ist. Das Planetensymbol für Pluto ist. Quelle: news.astronomie.info/sky200206/thema.html. (rs)

17 Die Mythe erzählt vom germanischen Lichtgott Baldur, der durch eine List Lokis von seinem blinden Bruder Hödr mit einem Mistelzweig getötet wurde. (rs)

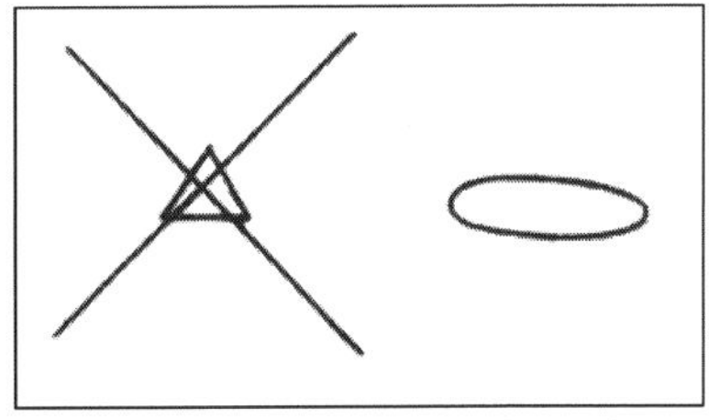

=Pendelbild (männlich kalt trocken)

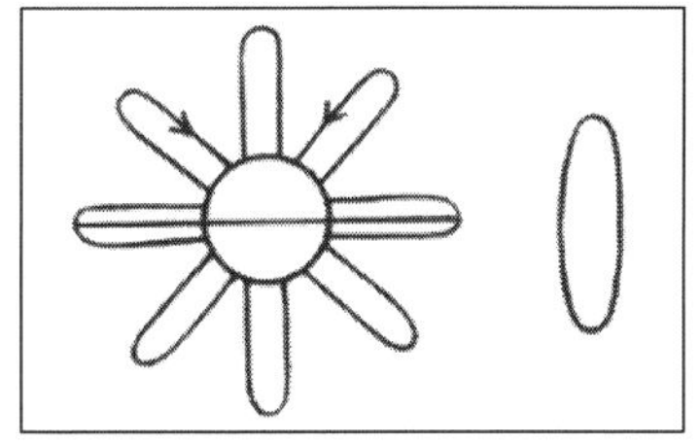

= Pendelbild (weiblich feucht und kalt).

Werden aber die Geschlechtslinien aller Planeten verbunden, so bildet sich folgendes hübsches Bild:

Und dieses pendelt zuerst den Kreis der Vollkommenheit, als Charakterdiagramm der Reihe nach alle 12 Linien der Einteilung, die eingangs gegeben worden ist. Gern hätte ich noch zwei glatte Striche zur Abrundung beigefügt, dafür fehlen aber die Symbole, denn *Drachenkopf und Drachenschwanz setzen den Pendel nicht in Bewegung!* Das sind also Symbole ohne geistigen Gehalt.

Die fehlenden Linien haben zu entdeckende Planeten zu liefern, vielleicht entsprechen sie dieser Hoffnung!

Das Symbol von Pluto ♇ ergibt eine!

Zu welchen Entgleisungen Unkenntnis der Symbole führt, lehrte die Reklameabbildung eines sehr hageren jungen Mannes in einer reformerischen Zeitschrift. Der Herr hat eine Glücksbluse erdacht, in Form der russischen Blusen. Auf den Stehkragen hat er die 12 Tierkreiszeichen genäht, auf den Brustlatz die Planetenzeichen, wobei er es als sehr passend findet, dass das Sonnenzeichen auf das Herz kommt. Leider ist keine Begründung für das Anbringen des Fußzeichens Fische am Hals gegeben.

Ähnlich sieht es mit astrologischen Schmucksachen aus, wenn etwa die Tierkreiszeichen um einen Ring laufend angebracht sind, oder wenn ein Astrologe in einem Buch die Planetenzeichen für Anhänger als Talismane anbietet. Oder in England zum Jahreswechsel Nadeln, Anhänger oder dergl. mit dem Zeichen Steinbock geschenkt werden.

Irgendwelche magische Wirkung haftet diesen Stücken nicht an.

Nur wer die Magie der Symbole mit dem Pendel erforscht und dann mit den von mir geforderten geistigen Einstellungen Talismane herstellt, vermag wirkungsvolle Kraftquellen zu liefern. Für einen geschäftsmäßig aufgezogenen Fabrikationsbetrieb eignet sich die Herstellung von Amuletten und Talismanen durchaus nicht.

Verschiedene Symbole aus der Clavicula Salomonis

magisch geladen

Pendelbild: Die obere und untere Welt berühren sich. Es ist die 10 in der lateinischen Schrift, 8 in der geheimen Rosenkreuzerschrift, ist auch das Stundenglas.

Es deutet einen Abschluss an, übergehend zu einem neuen Beginn.

Das ist eine vierfache Häufung des höchsten Einflusses.

Pendelt enorm große Kreise, dazu nach oben gehende Ellipse mit gerader Linie.

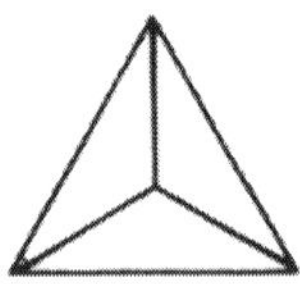

Pendelbild (s. Abb. links): Das ist ein Kraftbild, ein Abwehrtalisman, Hilfe gegen Feinde. Auf die Spitze gestellt ein Schild, von dem Kraft ausstrahlt, die Gegner zu erlahmen. Dieses Symbol ist falsch angewendet worden! Es wurde als Fläche genommen, während es die dreiseitige gleichseitige Pyramide darstellt, von oben gesehen. Als Fläche ist es falsch, weil die Dreiecke ungleichseitig sind. Die Flächendrittelung des Dreiecks muss folgendermaßen aussehen (s. Abb. rechts):

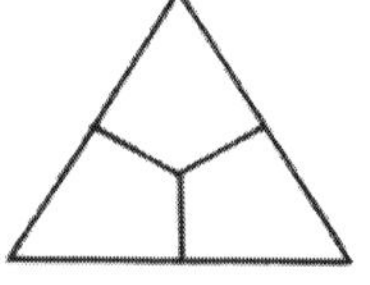

Es ist nur eine Pendellinie bei magischer Kraft möglich:
Der weite Kreis!

Pendelt einen Kreis

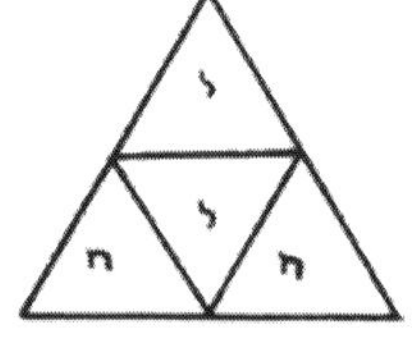

Alle Symbole, welche Gott oder die Dreieinigkeit bezeichnen, werden durch weite Kreise angegeben. Die Zahl derartiger Symbole ist groß, deren Wirkung ist gleich! Der aufmerksame Leser vermag nun alle derartigen Symbole zu lesen und selbst solche zu entwerfen.

Verbindung der Symbole untereinander

Der Pendelschüler ist nach dem Durcharbeiten dieser Anleitung imstande, jedes ihm vorkommende Symbol zu verstehen. Aus den mitgeteilten Grundsymbolen werden nun viele Verbindungen hergestellt, die leicht zu deuten sind. Z. B. deutet ein gleichseitiges Dreieck auf die Dreieinigkeit, eine Verdopplung kann erfolgen durch drei Kreise und inmitten ein Dreieck. Du kannst die drei Kreise auch nur andeuten, indem du nur die Kreisteile schreibst, die in das Dreieck kommen. Das ist dasselbe Sinnbild, nur mit unsichtbar geistiger Fortsetzung. Du kannst die Ineinanderschachtelung beliebig fortsetzen, es ist stets dasselbe Grundbild vorhanden. Ferner können Namen zugefügt werden.

Die magischen Schutzkreise bei Beschwörungen sind die weitläufigsten Zusammensetzungen dieser Art. Da werden in 2–3 Kreise alle möglichen „heiligen" Symbole hinein- und herumgeschrieben. Immer kann nur eine Häufung von Kreisausschlägen die Folge sein.

Um sicher zu sein, alle magischen Symbole erfasst zu haben, sah ich meine umfangreiche Büchersammlung dieser Art durch, an der ich jahrelang gesammelt habe. Alle Zauberbücher, Bücher Moses, Schlüssel Salomoni, Rosenkreuzerschriften, kabbalistischen Bücher sind gemustert worden.

Nun ist der Pendler weiterhin imstande, selbst Verbindungen auszuführen, ohne Fehler zu machen. Hierbei können die Symbole zweckmäßig gedreht werden. So wirkt ein Dreieck immer anders, ob die Spitze aufwärts, abwärts oder seitwärts gerichtet wird. Dafür finden sich in meinen Erklärungen ausreichende Angaben.

Man findet in der Faustliteratur auch geschriebene Teufelspakte. Bitte auspendeln! Sie pendeln nicht anders, als Schriften von Geisteskranken. Und geisteskrank sind auch wohl jene gewesen, die in Besessenheit und medialen Zuständen die Schriften hergestellt haben. Warum unterzeichnen sich da die Fürsten der Hölle in lateinischer Schrift und nicht mit ihrer Höllenschrift, die doch auch bekannt ist? Die Teufelsbündner haben den Pakt mit dem Teufel in ihrer eigenen Seele abgeschlossen. Das ist's.

Sigille der Planetengeister

Mit Vergünstigung des Geistes Aratron aus einer alten Urschrift 1686 gedruckt ohne Angabe des Ortes. Ich setze mich der Gefahr aus, dass Aratron, Bethor, Phaleg, Och, Hagith, Ophiel und Phul mich in Plutonis Reich verbannen, weil ich jetzt Teile dieser Schrift durch Druck verbreite. Ich hoffe, dass einige Pergamentamulette mich, wie versprochen, ausreichend schützen werden.

„Gleichwie Gott der Herr allen Dingen und Personen Namen gibt, und mit deme aus seinen Schätzen die Kräfften oder Würkung austheilet: also haben die Wappen der Gestirn Namen und Wort keine Krafft von wegen ihrer Gestalt oder Aus-

sprechung: sondern von wegen der Krafft, die Gott einem solchen Zeichen zugeordnet hat.
Ein jegliches Zeichen, das ein Geist hergiebet, auf was Manier es sey, hat seine Würkung auf eine gewisse Zeit, allein zu der Handlung, in deren es ist gegeben worden."

Herr *Aratron* oder *Saturnus*

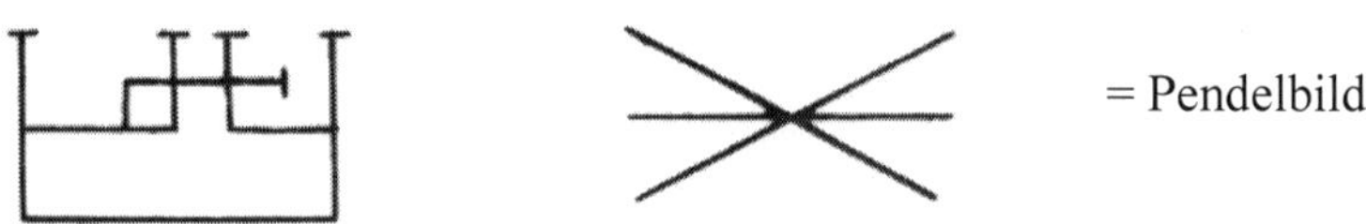

= Pendelbild

„Dieser Verwalter hat in seiner Gewalt was er natürlich würket, das ist, was Er würket gleichmäßig in der fürbereiteten Sache, daß Er mag ein jeglich Ding in einem Augenblick in einen Stein verkehren, als ein Thier oder Erdgewächs, daß dasselbige nichts minder seine vorige Gestalt und Ansehen behält. Er lehret Alchimy, die Geist- und Naturkunst. Gibt Antwort, so man ihn fragt um gefangene und kranke Leute." usw.
Das steht in schönster Harmonie mit meiner Erklärung von Quadrat und Viereck!

Bethor* oder *Jupiter

„... wem er sein Zeichen oder Wapen giebt, denselben erhebt Er zu den größten und höchsten Würdigkeiten, giebt einem Schätze, bringt einem zu die Geister in Lüften, sie tragen alle Dinge, auch Edelgesteine, samt Wunder würkenden Arzeneyen ..."

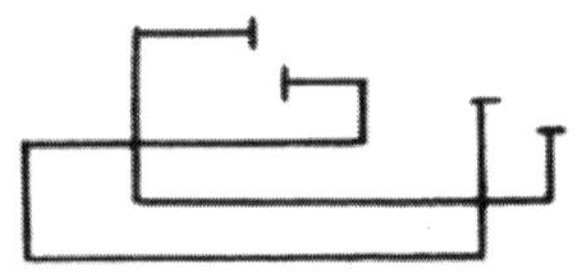

Dasselbe Pendelbild wie bei Aratron. Dort beginnt der Pendel mit dem waagerechten Strich, es folgen die schräg gekreuzten, dann nochmals Ost-West-Strich. Bei Bethor beginnt der von links nach rechts gehende Strich, dann der waagerechte, folgt die dritte Linie, Abschluss mit Pendelruhe. Man vergesse nicht: Auch Jupiter schließt ein! Geldschrank, Krankenhaus, Kirche, Gesetz usw. Daher ist sein „Wapen" richtig!

Phaleg* oder *Mars

„... ist ein Friedensfürst, wem Er sein Wapen oder Zeichen giebt, denselben erhebt Er zu den höchsten Aemtern, in Kriegs-Sachen lehrt Er wie man mit Eisen-Bergwerck, Eisen-Geschmied, mit weltlichem Regiment, Gericht, auch mit Geldmachen soll umgehen, Kriegs-Wesen anrichten, Schlacht-Ordnung anstellen,

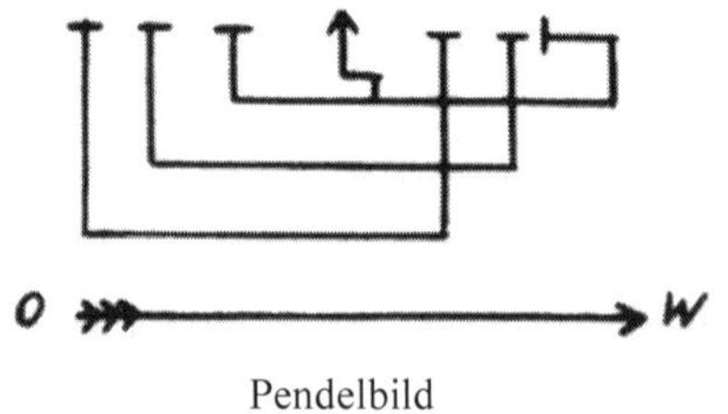

Pendelbild

Arzney zubereiten und die Krankheiten heilen." Das „Wapen" sieht aus wie eine vordringende Armee! Die Mörderlinie gibt der Pendel an.

Och oder *Sol* (Sonne)

Pendelbild: Kreis! Das Sonnensymbol.

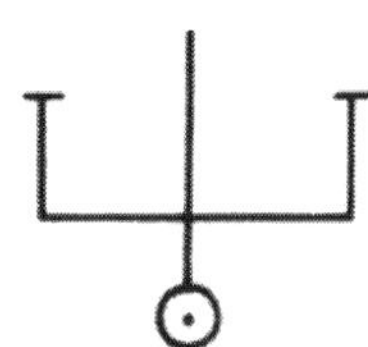

„Er lehret vollkomen Arzenyen, Er verkehret alle Ding in das allerreinste Gold und in Edelgestein, Er gibt Geld, Er bereitet Gold in Bergen mit langer Zeit, aber durch Alchimy in kurzer Zeit, Geist kündig im Augenblick."

Hagith oder *Venus*

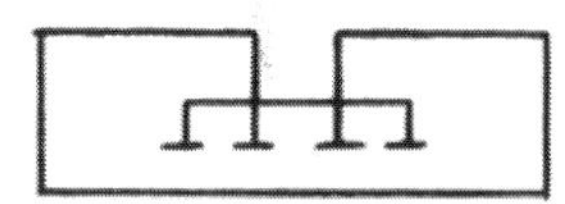

Zu dem Zeichen rechts: Der Pendel rührt sich nicht! Also falsches, unwirksames Zeichen.

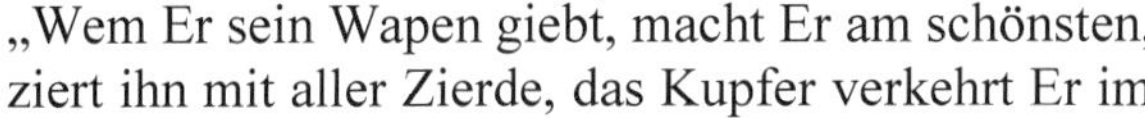

„Wem Er sein Wapen giebt, macht Er am schönsten, ziert ihn mit aller Zierde, das Kupfer verkehrt Er im Augenblick in Gold, Er gibt Wurzelgraber, Kräuter, Gewürz und Erdgewächs, die Gesundheit des Lebens, zu allen Dingen geschickte schöne Leute."

Ophiel oder *Mercurius*

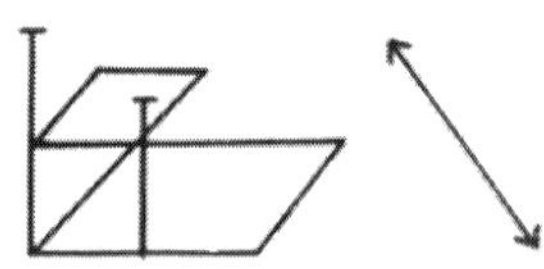

Pendelbild (Verstandeslinie der Charakterpendelung).

„Er gibt gar gern dienstbare Geister, lehret alle Künste, und wem Er sein Zeichen gibt, dem gibt Er Gewalt, daß er mag aus dem Mercurio der Philosophen oder Weisen in einem Augenblick den Stein der Weisen machen ... so mag man von Ihm die Gestirn-Kunst, samt allen freyen Künsten lernen, alle Handwerk, Bergwerk, Alchymi, Gold und Silber machen, Brücken über die Wasser machen, Mahlen, Reissen, Bildhauen" usw.

Phul oder *Luna* (Mond)

„Er mag mit Worten und Werken alle Metallen in Silber verkehren. Er heilet die Wassersucht, gibt die Wasser-Geister – – also mag einer begehren einen Engel der ein Arzt, Philosophus, Frey-Künstler, Bürger, Ueber-Naturkündig oder Naturkündig ist."

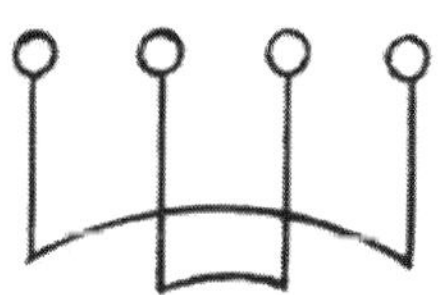

Pendelbild: weibliche Ellipse!

Genien und Dämonen der Planeten

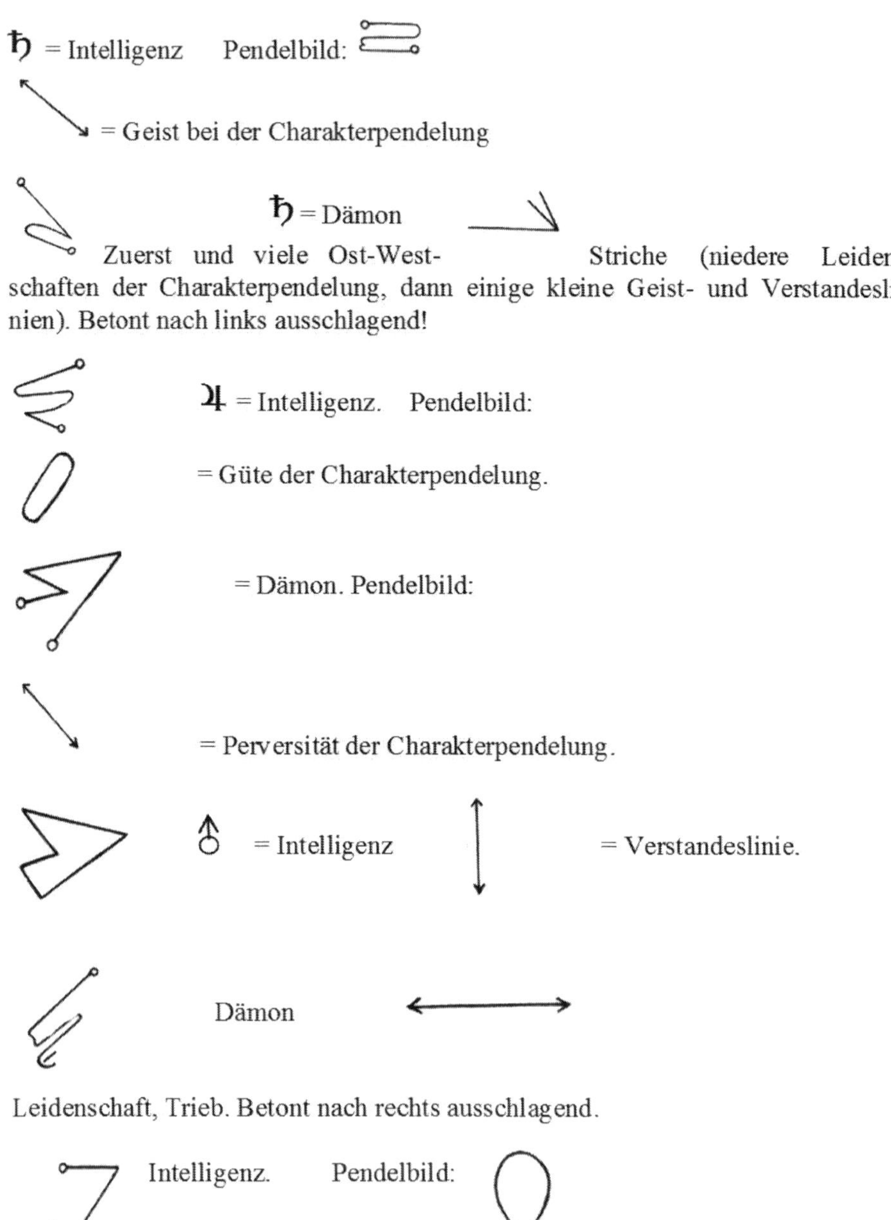

♄ = Intelligenz Pendelbild:

= Geist bei der Charakterpendelung

♄ = Dämon

Zuerst und viele Ost-West- Striche (niedere Leidenschaften der Charakterpendelung, dann einige kleine Geist- und Verstandeslinien). Betont nach links ausschlagend!

♃ = Intelligenz. Pendelbild:

= Güte der Charakterpendelung.

= Dämon. Pendelbild:

= Perversität der Charakterpendelung.

♂ = Intelligenz = Verstandeslinie.

Dämon

Leidenschaft, Trieb. Betont nach rechts ausschlagend.

Intelligenz. Pendelbild:

Geist und Verstand der Charakterpendelung.

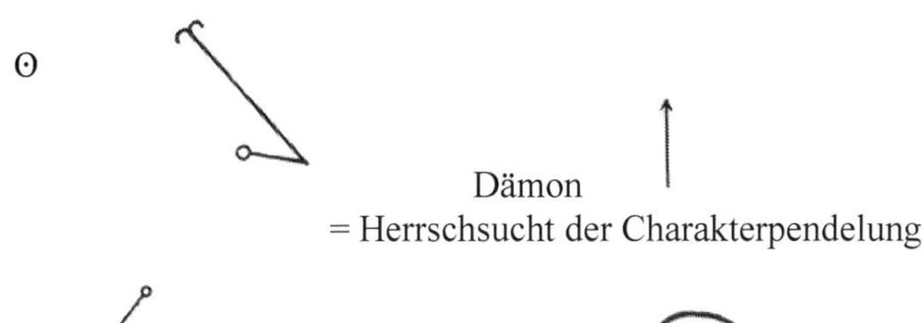

Θ

Dämon

= Herrschsucht der Charakterpendelung

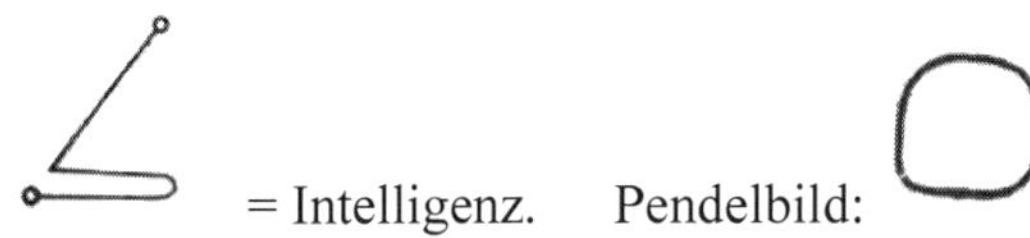

= Intelligenz. Pendelbild:

Güte, Liebe, Triebleben der Charakterpendelung.

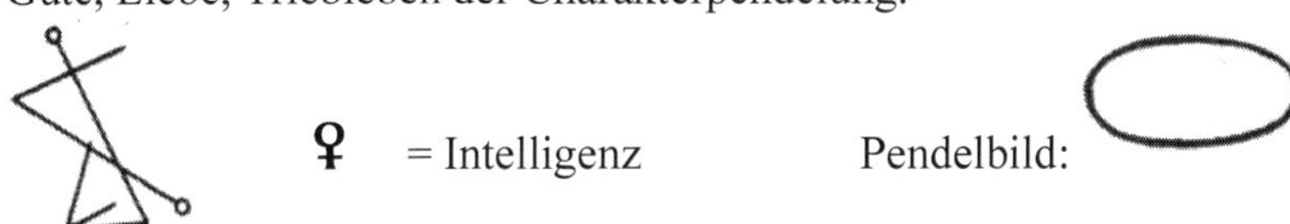

♀ = Intelligenz Pendelbild:

Natürliche Kraft mit Liebeslust, freudiges Herz.

= Dämon.

Pendelbild: Zitternde Pendelruhe, wie beim „Wapen“ des Hagith! Damit ist das als „Dämonenwapen“ gekennzeichnet!

Intelligenz.

Pendelbild: Geist und Kunst der Charakterpendelung.

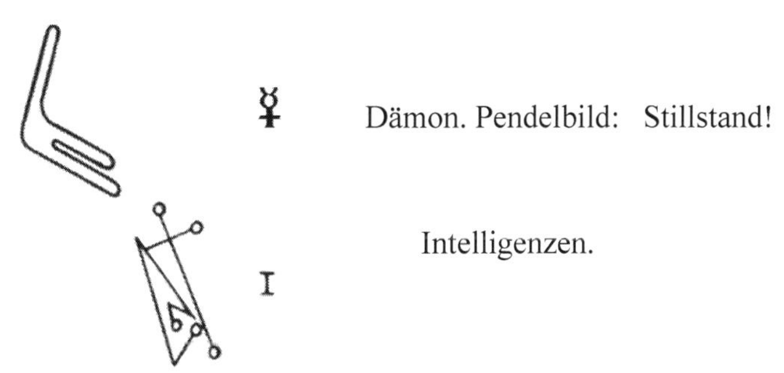

☿ Dämon. Pendelbild: Stillstand!

Intelligenzen.

I

Pendelbild nach oben drängende Ellipse.

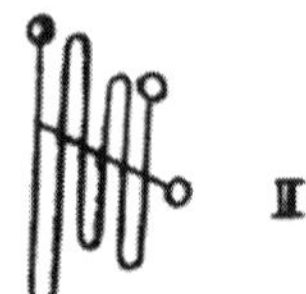

Pendelbild: liegende Ellipse = Triebleben, Mutterleben.

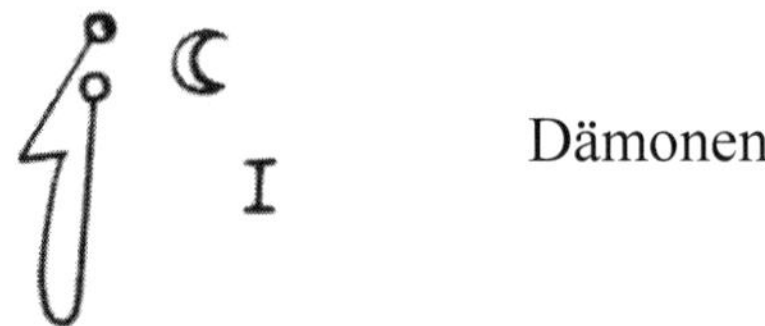

Pendelbild: zitternde Pendelruhe.

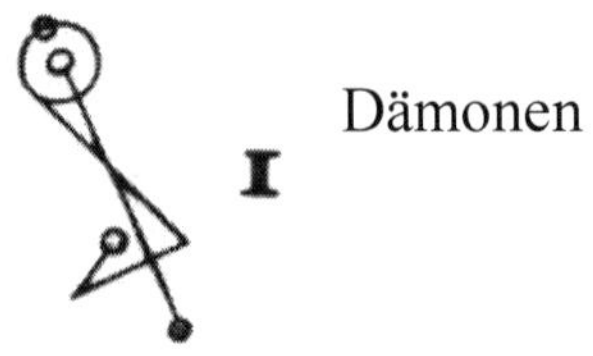

Pendelbild: Zitternde kleine Kreise und Ellipsen, deutend auf Krankheit der Sexualorgane, Unfruchtbarkeit.

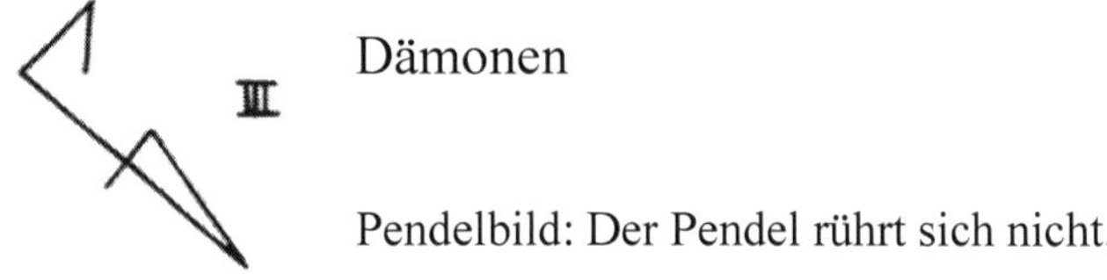

Pendelbild: Der Pendel rührt sich nicht.

Schlussfolgerungen

Die Dämonensigel mit Pendelstarre deuten ersichtlich auf Nichtvorhandensein der Kräfte, die der Planet verleihen soll, körperliche Schädigungen.
Erstaunlich ist die Übereinstimmung der Planetenpendelbilder mit den von mir gefundenen Quadrantenbedeutungen in der Charakterpendelung. Hier liegen also geheime Naturkräfte vor, die der Pendel aufgespürt hat.

Es liegt nicht in meiner Absicht, die nur zu schwarz-magischen Zwecken brauchbaren Symbole zu lehren. Nur einige Beispiele werden gegeben, um dem Pendler weiterhin den Weg zu ebnen. Jeder Verständige wird meine Zurückhaltung zu würdigen wissen.

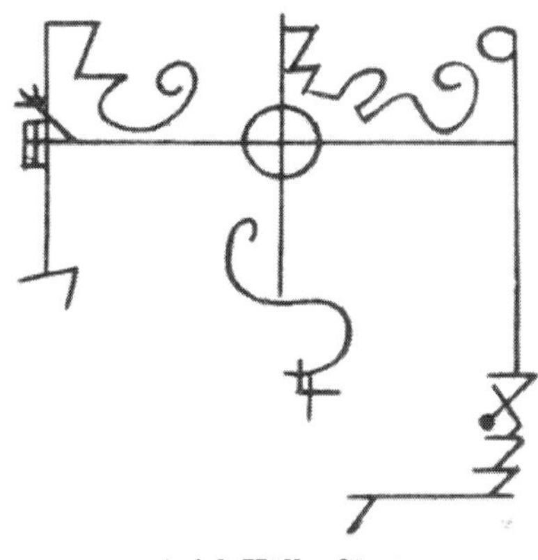

Aziel. Höllenfürst

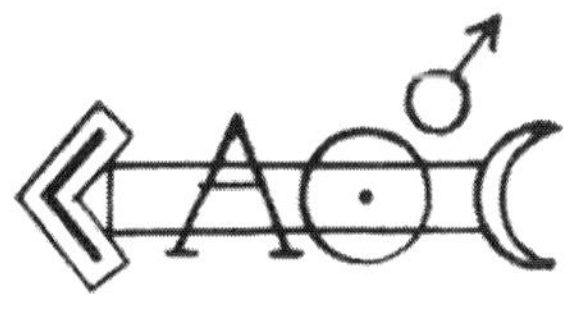

Aziels Sigill (links)

Sigill von *Ascharoth* (rechts)

Bei allen von mir ausgependelten Symbolen von sogenannten Höllenfürsten erhielt ich den Ost-West-Strich, dazu gelegentlich die untere Hälfte des Schrägstriches rechts oben nach links unten, also: ⌐

Aus der Charakterpendelung bekannt als böse Lüste, gefährliche Leidenschaften. Der waagerechte Strich lässt aber auch die Auffassung von rein vegetativen Naturkräften zu, sie begegnet uns im Pflanzenreich.
Der geistigen Spekulation ist daher ein recht geräumiges Spielfeld überlassen!
Die Zauberliteratur ist sehr reich an derartigen Zeichnungen.

Magische Buchstaben

Es gibt kaum eine magische Handlung ohne Benutzung von Buchstaben oder Worten. Sicherlich sind die Buchstaben Sinnbilder und sie geben ausreichende Möglichkeiten, magische Kräfte hineinzulegen.
Bei den magischen Kreisen, die bei Beschwörungen von Geistern gebraucht werden, werden stets Wörter, namentlich Namen Gottes, benutzt, um böse Geister abzuhalten, den Beschwörenden auf den Leib zu rücken.

Die Frage ist hier anders zu stellen: Haben die Buchstaben an sich, aus eigenem Vermögen, magische Kraft?
Soweit die Aussprache in Betracht gezogen wird, ist eine Auspendelung wegen des ausgestoßenen Hauches nicht möglich.

Was die Schriftzeichen angeht, so besitzen wir magische Schriften, deren Herkunft mindestens fraglich ist. In Clavicula Salomonis, auch bei Agrippa von Nettesheim in seiner Okkulten Philosophie, finden sich solche Schriften. In der beigefügten Tafel sind diese angegeben. (s. Abb. nächste Seite.)
Diese Tafel wurde auf meine Veranlassung von einem Herrn gezeichnet, der von der Magie keinen Begriff hat.
Diese Buchstaben bieten dem Pendel keinen Antrieb zu besonderen charakteristischen Ausschlägen. Werden hingegen die Buchstaben mit Bewusstsein und Kraftabgabe in bestimmter Art geschrieben, so werden es Kraftspender. Die Form der Buchstaben gestattet jedoch, die Buchstaben schwarz-magisch wie weißmagisch zu „laden“.
Es könnte demnach ein Schwarzmagier die bekannten Gottesnamen der Kabbala auch für den Teufel setzen!

Die Herkunft dieser Schriftzüge, namentlich der himmlischen Schrift und der Schrift der Engel, wird auf Sternbilder zurückgeführt. Die Möglichkeit dazu ist gegeben. Ganz unbekannt ist die Herkunft dieser Schriften, sie treten auf einmal auf und sind einfach da.

Nur ein Dokument ist vorhanden, das man annähernd zeitlich einordnen kann. Es befinden sich auf einer Kugel von 31 cm Durchmesser Zeichen, die durchaus auf die „Schrift der Engel“ hindeuten.

Die mystischen Alphabete

Hebräisches Alphabet		Alphabet der Magie		Die Charaktere der himmlischen Schrift		Malachim, oder die Schrift der Engel		Die Schrift gen. Überqueren des Flusses		Namen der Buchstaben		Die Kräfte der Buchstaben	
א	ס									Aleph	Samekh	a	s
ב	ע									Beth	Ayim	b bh v	o aa ng
ג	פ									Gimel	Pe'	g gh	p ph
ד	צ									Daleth	Tzaddi	d dh th	tz
ה	ק									He'	Qoph	h	q qh
ו	ר									Vau	Resh	v u o	r
ז	ש									Zain	Schin	z	s sh
ח	ת									Cheth	Tau	oh	t th
ט	Finals									Teth		t	
י	ך						Eine andere Form des Samekh			Yod	Final Kaph	i y	K
כ	ם									Kaph	Final Mem	K Kh	m
ל	ן									Lamed	Final Nun	l	n
מ	ף									Mem	Final Pe'	m	p
נ	ץ									Nun	Final Tzaddi	n	tz

Diese Kugel wurde im Dionysostempel in Athen gefunden. Herstellung im 2.-3. Jahrhundert unserer Zeitrechnung. Abgebildet im *ΣΤΟΙΧΕΙΑ* Heft VIII. Der Globus, seine Entstehung und Verwendung in der Antike, von Dr. Aloys Schlachter und Fr. Gisinger, Teubner, Leipzig 1927. Tafel I/1. Zuerst als Himmelsglobus angenommen, was jedoch Delatte bestreitet, der das Stück für eine magische Zauberkugel hält. Fr. Boll und A. Schlachter deuten auf gnostischen oder Mythraskult hin. Darauf finden sich z. B. folgende Zeichen:

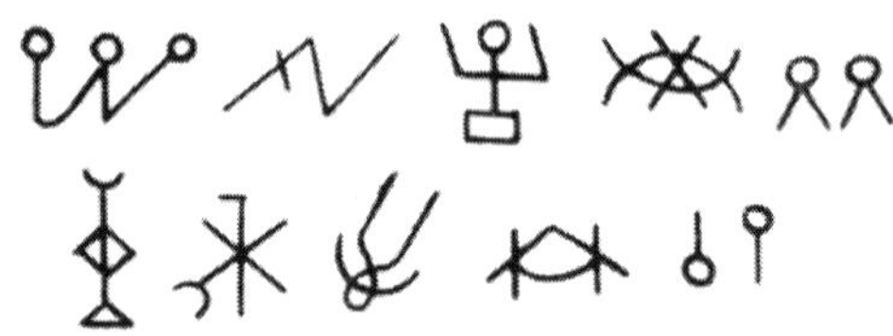

Eine gesicherte Deutung ist noch nicht gefunden, sie haben aber sicherlich eine solche gehabt. So wie die Zeichen sind, haben sie keine Kraft, sie können aber zu Trägern von Gedankenkräften gemacht werden, wie andere Buchstaben.
Zu den Sinnbildern gehören auch die nordischen Runen, die nachweislich zum Wahrsagen als Zauberrunen benutzt wurden. Als Mittelstück des Pentagramms haben wir die Hagalrune bereits kennen gelernt. Diese eignen sich als Kraftträger ebenso gut wie die hebräischen Buchstaben. Das Pentagramm mit Hagalrune ist in hohem Grad für Talismane geeignet, wenn die Kenntnisse vollständig erworben sind.

Wappen

Aus den Runen sind sehr viele Wappen gebildet. Diese sind ursprünglich zum magischen Schutz angebracht worden. *R. J. Gorsleben* bestätigte mir das, er hält die Wappen für „redend“.
Wenn ein Zeichen „redet“, ist es ein Sinnbild, es redet natürlich nur zu Wissenden! Es war ein wichtiger Gebrauch unserer arischen Vorväter, in geheimer („verkalter“) Form zum Wissenden zu reden. Die Dome „reden“ zum Wissenden, die Fachwerkbauten nicht minder, und ebenso alle alten Wappen! Ein Schild kann magisch mit Gedankenkräften geladen werden, Bauten können nur noch reden. Alle Runen „reden“, im Gegensatz zu den hebräischen, die diese Eignung in erheblich geringerem Maße haben. Zu den „redenden Sinnbildern“ gehören z. B. der Dreifuß, Vierfuß oder Hakenkreuz, das Johanniterkreuz, das Rad und viele andere mehr.
Alle diese redenden Sinnbilder können magisch verwertet werden. Ich muss auf die Schriften von Guido von List[18], von Gorsleben[19], Dr. Lomer[20] u. a. verweisen, in denen der Sinn der Sinnbilder erklärt wird.

---

[18] Guido von List (1848–1919) war ein okkulter Autor und Begründer der Ariosophie. Beeinflusst wurde er von den Schriften Arthur de Gobineaus und Helena Petrovna Blavatskys. Er

Ornamente

Es wird dem aufmerksamen Leser nicht entgangen sein, dass viele Symbole *mit ihren Pendelfiguren* sehr schöne Ornamente darstellen. Die Pendellinien erhalten dabei seltsame Bedeutungen. Wir müssen uns geradezu fragen, ob die Ornamente nicht auf diese Weise entstanden sind! Es kann kein „Zufall" sein, dass unsere Deutung und Begründung als magische Kraftbilder mit überlieferten Ornamenten übereinstimmen. Die hier vorgeführte grundlegende Entwicklung der Symbole gestattet geradezu, in gemalten, gewebten, gezeichneten Ornamenten zu reden! Sinn auch dahinein zu legen!

Magische Gesten

Was geschrieben, gezeichnet, graviert oder sonst fixiert wird, kann auch erlebt werden. Die weihevolle oder suggestive Rede ist magisch, auch die Geste ist magisch. Von den Gesten des täglichen Verkehrs will ich nicht weiter sprechen, obgleich diese auch hierher zählen, auch nicht von der Magie der Augen und Mienen, sondern nur von den feierlichen, der religiösen oder beschwörenden Magie.

Dahin gehören z. B. Die *Mudras* (magische Handhaltungen) *auf Bali.* (Falkwang-Verlag Hagen i. W. 1923, Zeichnungen von Tyra de Kleen, Text von P. de Kat Angelino) Gewissermaßen ein Finger-Alphabet, dazu Gesten und Haltungen, die

---

glaubte an die Existenz einer internationalen jüdischen Weltverschwörung und dass diese die Existenz dessen, das er für die arische Rasse hielt, bedrohe. Außerdem glaubte er an die magische Kraft alter Runen. Beide „Glauben" waren nicht unpopulär im West-Europa des neunzehnten Jahrhunderts. Einer von Lists Zeitgenossen war der „Rassenphilosoph" Houston Stewart Chamberlain, unter seinen ideologischen Anhängern und Nachfolgern war Jörg Lanz von Liebenfels. Quelle: http://de.wikipedia.org/wiki/Guido_von_List. (rs)

19 Rudolf John Gorsleben schrieb 1930 in seinem Buch „Hoch-Zeit der Menschheit – Das Welt-Gesetz der Drei oder Entstehen-Sein-Vergehen in Ursprache-Urschrift-Urglaube. Aus den Runen geschöpft": „Hier in diesen erhabenen Himmelssphären, die als Urkraftzentren zu gelten haben, laufen die Gestirne unseres Sonnensystems als gewaltige Zeiger, die uns anzeigen, welche Schicksalsstunde für Völker und Menschen geschlagen hat. Eine Lehre, die ganz der wundervollen eddischen Symbolik entspricht ..." (rs)

20 Dr. med. Georg Lomer (1877–1957) war Nervenarzt und ein überaus aktiver astrologischer Fachschriftsteller und graphologischer, astrologischer und chirosophischer Forscher von internationalem Ruf, Verfasser des astrologischen Sonderdruckes, das „Hohelied des Himmels", „Bismarcks Stern und Unstern", „Christus, astrologisch gesehen", des graphologischen Sonderdruckes „Teufel im Tintenfass" und des chirosophischen „Handlinien deutenden", des Standardwerkes, „Sprache der Hand" und allgemein-okkulter Werke, „Wahrzeichen Prophetie der Natur" Er verfasste Lehrbriefe zur Entwicklung höherer Seelenkräfte. Dann „Mars ohne Maske" „Krieg als Sexualrausch" und „Die Zahl als Wurzel der Welt". Zitiert nach: http://www.astroforum.ch/astrolexikon. (rs)

ich im *Ägyptischen Totenbuch* (von Eduard Naville, Berlin, A. Asher & Co. 1886, Bad. 1) wiederfinde!
Leider fehlt uns noch das Verständnis für die Bedeutung dieser zahlreichen Mudras, die eine außerordentliche Übung voraussetzen. Was verstehen wir überhaupt von der Symbolik, Ornamentik und Kunst der sogenannten „wilden Völker“, deren Kultur viel höher ist, als man sich hier träumen lässt. Bei diesen ist die ganze Kunst magisch gehalten! Unsere Kunstleistungen werden wahrscheinlich auf die „Wilden“ auch recht wild wirken, zumal unseren Handwerkern restlos, den Künstlern meistens der magische und geistige Sinn unserer Sinnbilder und Symbole unbekannt ist und die daher ein wirres Durcheinander herstellen.
Um auf die Gesten zurückzukommen, so ist das Ägyptische Totenbuch voll davon. Als magisches Gebrauchsstück finden wir das Ankh-Kreuz, als Sinnbild des ewigen Lebens, immer von den Göttern getragen: Dieses schöne Symbol lässt sich trefflich für Talismane und Amulette verwenden. Das Ankh- oder Henkelkreuz pendelt dann einen sehr großen Kreis. Im Kap. 16A des Totenbuches erfährt das Henkelkreuz eine gewaltige Steigerung, es steht auf einer Säule, die an sich bereits bedeutungsvoll ist und es erheben sich oben aus den beiden Ecken zwei Arme, die nach oben flehend gerichtet sind, wo die Sonnenscheibe darüber schwebt.

Für feierliche Gesten bietet das Totenbuch einen großen Reichtum von Formen, denen gegenüber die christlichen Zeremonien ärmlich erscheinen. Darin sind die Priester von Bali uns ebenfalls überlegen.
Die Ausstrahlungen der Personen bei feierlichen Handlungen können ausgependelt werden! Auch die Ausstrahlungen von Rednern kann der Pendel aufschließen! Das gehört in das Kapitel über Charakterpendelung!

Belebte Gedankenformen

In unbequem aufdringlicher Weise hat sich in der Gegenwart das Dasein von lebenden Gedankenformen erwiesen. Unbequem all den Vielen, die mit der auf Hochschulen anerzogenen verneinten, anzweifelnden Unwissenheit geistigen Dingen gegenüber dafür „keine wissenschaftliche Erklärung“ zur Hand hatten: Die Todesopfer – bereits über 20! –, die eine belebte Gedankenform nach mehreren Jahrtausenden noch gefordert hat: Der Fluch von der Leiche des Königs *Tutanchamun*. Die „Giftigen Fliegen“, die aller Fliegenwissenschaft zum Hohn ihre Opfer in jeder Jahreszeit, in jedem Land, gefunden haben. Die Zeitungen registrieren die Fälle nur noch, der Wissenschaftler zuckt die Achseln...[21]

---

[21] Als 1922 Howard Carter das Grab des Königs Tutenchamun öffnete, stieß er auf unermessliche Schätze: unter anderem auf die unversehrte, von einer massiv goldenen Maske bedeckten Mumie des Königs. Kurze Zeit später setzte dann bereits aber auch schon die Legendenbildung vom „Fluch des Pharaos“ ein: Der Auftraggeber Carters, Lord Carnarvon,

Leichtere Fälle sind oft zu beobachten, Erklärungen werden nicht geboten. Was eine Erklärung sein soll, ist keine. Ich nenne einige: in Erfüllung gegangene Segen und Flüche; die hetzenden Dämonen, die Menschen in den Freitod treiben, was dann auf Gewissensbisse und Reue zurückgeführt wird.
Die einfachste Form haben wir schon gestreift: Das Bedenken unbeschriebenen Papiers, die den Symbolen verliehene Kraft! Du hast wie jeder Mensch schon viele Wesenheiten von dir abgespalten und ausgesandt! Liebende bombardieren sich gegenseitig damit, namentlich nachts im Bett, wo beide von ausgesandten und angelangten Wunschwehen geplagt werden. Die meisten dieser Wesen sind sehr sterblich, mit der Erfüllung, mit der Ehe etwa, erlischt ihre Lebenskraft. Alle aus eigenem drängendem Empfinden niedergeschriebenen Gedichte, alle Wunschbriefe sind magisch geladene Wesenheiten, von dir abgespalten. Du kannst mit vollen Bewusstsein Spaltungen vornehmen, Gedankenwesen formen und aussenden: Es ist Magie! Schleudere einen heftigen Fluch hinter einem Menschen her, so wird er für ihn ein ihn verfolgender Dämon. Als Gedankenübertragung, Telepathie, begegnen dir diese Wesenheiten oft. Der eingedrungene fremde Gedanke ist als Strahlung in dein Gehirn gedrungen, er kann dir Genius oder Dämon sein, du kannst von ihm besessen werden bis zum Irrsinn!

Du siehst: Alle Menschen sind Magier!

Da gibt es einen Trost: Deine lebenden Gedanken haben Abwehrkräfte, sie verhindern die Wirkung von Gedankenwesen, die ihnen feindlich sind! Sie lassen nur solche ein, die ihnen angenehm und erfreulich sind. Du kannst das sehr deutlich beobachten. Gehe in eine Versammlung, am zweckmäßigsten in eine mit Aussprache, etwa in eine gesetzliche Körperschaft, wo von Ultralinken bis Ultrarechten alle Geister aufeinanderplatzen. Du wirst immer nur jenen Gedanken Aufnahme gewähren, die deinen eigenen entsprechen, die anderen lehnst du ab.
Das ist dir nun einleuchtend: Du kannst nur solche Gedankenwesen abspalten und aussenden, die du in dir zu erzeugen vermagst. Du kannst nicht Götter *und* Teufel aussenden, sondern nur entweder – oder! Bist du voll göttlicher Gedanken, so kannst du in dir keinen Teufel ausbilden, es geht nicht, durchaus nicht! Nur einer Art Flüche kannst du Lebenskraft geben, wenn du reine Gedanken pflegst: Flüche gegen schlechte Wesenheiten, gegen den Teufel, zum *Schutz des heiligen Reiches.* Das sind ja Talismane!

---

fand auf mysteriöse Weise den Tod; und andere weitere eigenartige Todesfälle häuften sich, die in Zusammenhang mit der Graböffnung gebracht wurden. Einige Archäologen waren bereits wenige Stunden, nachdem sie das Grab besichtigt hatten, gestorben: 1924 Archibald Douglas Reed, George Gould, Georges Benedite und der Literaturprofessor La Fleur sowie 1925 der amerikanische Konservator Arthur Mace. Schuld soll die Rache des Pharaos gewesen sein. Und diese war belegt durch eine Tontafel mit der Inschrift: „Der Tod soll den mit seinen Schwingen erschlagen, der die Ruhe des Pharao stört."
Quelle: www.discovery.de/mumienwoche/home/aegyptischemumien/fluchdespharao.shtml. (rs)

Daraus folgt zwingend die Möglichkeit, dass auch verderbliche Gedanken belebt werden können, Dämonen gebannt werden können.
Ein solcher Dämon war an die Leiche *Tutanchamun* gebannt: Er musste töten, wer das Grab entheiligte, beraubte. Nach Auffassung der Ägypter war es allerdings ein schwerttragender Schutzengel, von der Sorte, die Adam und Eva aus dem Paradies vertrieben und die Rückkehr verhinderten!
Die Gefahren der bewussten „magischen Experimente“ mit Dämonen, deren Beschwörung, werden nun einleuchtend! Zur Schöpfung, zur „Beschwörung“ von Teufel und Dämonen muss der Experimentierende sich selbst dafür einstellen. Muss teuflisch-dämonisch werden! Und dann geschieht, was Goethe geschrieben hat: Die Teufel, die ich rief, die werde ich nicht los. Schickt jemand ein wirkungsvolles Wunschwesen aus, das einem Menschen Böses zufügen soll, so muss dieses Böse vorher in ihm Tat geworden sein! Er muss in sich, in Gedanken und Vorstellungen, den Mord ausführen, erst dann kann er den erzeugten Dämon aussenden!

Mit diesen nüchternen Worten ausgesprochen, schauert der Mensch zusammen, er ist geneigt, seine Gedanken freundlich aussehend zu schmücken, er belügt sich am liebsten selbst. Hier gilt aber harte Wahrheit!
Das sind bittere Wahrheiten, die ich hier niederschreibe. Ich zeige nicht eine, sondern Millionen Höllen, bevölkert mit Teufeln aller Art, alle in der Brust von Menschen, oft bedeckt mit Zeichen der Würde und Ehre.

Nun wisse: Der Pendel zeigt alle ungeschminkt, wahr und echt!

Briefe sind oft Körper von Wesenheiten, beim Schreiben schlagen sich die Gedanken nieder und bleiben daran haften. Daher kann aus *einem* Brief eine Fülle erfreuender Gefühle ausströmen, die den Leser berauschen, ihn Glück und Liebe empfinden lassen, während aus einem anderen alles Schlechte und Böse strahlt. Dabei ist Kältegefühl mit Bösem, Wärmegefühl mit Gutem verbunden. Tritt in Wohnräume ein, sie sind bevölkert von guten oder schlechten Gedankenwesen! Die Art der Bewohner, der Erzeuger ihrer Gedanken, erfühlst du aus den Ausstrahlungen. Leihbibliotheken sind sicher nützlich, aber pendele Bücher aus, die durch alle Krankenstuben oder Gefängnisse gegangen sind, viele magst du nur mit behandschuhten Händen anfassen. Wissenschaftliche Bücher unterscheiden sich hierbei vorteilhaft von den der Unterhaltung dienenden, die umso mehr schlechten Wesenheiten zum Aufenthalt dienen, als der Inhalt schon niedrig erdacht und erfühlt ist.

Du kannst dein Ich selbst mit dem Pendel prüfen! Kannst du schwarzmagische Symbole wirksam *herstellen* oder jene Gedanken genau angeben, welche in einzelnen Linien und Formen „leben“, so bist du ein Schwarzmagier!
Mit reinem Geist kannst du die Art der „Einflüsse“ oder „Einstrahlungen“ mit dem Pendel *erforschen*, das schadet dir nicht.

Nachdem ich die Entstehung der Symbole erklärt habe als Kraftbilder, als Festhalten kosmischer und geistiger Kraftflüsse, kannst du selbst Symbole erfinden und du wirst dafür auch zutreffende Bezeichnungen schaffen, mehr oder weniger schwülstig und mystisch oder klar bezeichnend, deinem Wesen entsprechend.

Wer selbst bewusst schaffen kann, vermag andere Schöpfungen zu beurteilen.

Und das siehst du jetzt ein: Die Möglichkeiten zur Formung von Symbolen und Gedankenformen ist so groß, dass sie nie in einem Buch gesammelt werden können. Die Lehre, sie zu verstehen, ist daher das wichtigste. Ich habe mich bemüht, alles ohne Mystik, Geheimnistuerei und Phrasenschwulst in deutlichen Worten zu erklären. Die erste Folge ist, dass du die allgemeine Verbreitung von magischen Kräften erkennst, die in den Magischen Schriften gern als ein besonderes Geheimnis, als außergewöhnlich dargestellt werden.

Du bist Magier, deine Mitmenschen sind es auch! Lerne dich und die anderen kennen!

Amulette: Buchstabenkräfte

Welche Kräfte verleiht ein Amulett, oder gleich weiter gefasst: Welche magischen Kräfte können durch Anwendung von Symbolen gewonnen werden? Was bedeutet der Ausdruck: Magische Kraft der Symbole?

Wenn gesagt wird: Dieses Symbol, dieser Edelstein vermag zu töten, dann findet doch eine Einwirkung auf das Universum statt?

Wer so fragt, kann sich auf Bücherstellen berufen. *Ernst Kurtzahn* schreibt in seiner Bearbeitung des Tarotbuches von *Papus*: „Hebräische Worte kombinieren heißt infolge dessen auf das Universum selbst einwirken.“ Gesperrt gedruckt! Nämlich vorhergehend: „Jeder einzige Buchstabe ist als eine Macht mehr oder weniger (??) eng mit den schöpferischen (von mir gesperrt) Kräften des Universums verbunden.“
Darüber sind wir uns doch klar: Die *schöpferischen* Kräfte im Universum entstammen Gott, sind Ausstrahlungen seines Selbst. Durch Benutzung von hebräischen Buchstaben würde der Mensch demnach Teilhaber der

schöpferischen Gotteskräfte. Das habe ich entschieden bestritten und bestreite es noch, obgleich ein sonst sehr kluger Schriftsteller, *Dr. Alfred Strauß,* in seiner Deutschen Cabbala, Zahlenmagie der Namen, der allerdings mit E. Kurtzahn denselben Verleger teilt, neuerdings gesperrt schreibt: „Und aus dieser lebendigen Wechselbeziehung heraus heißt auch cabbalieren nichts anderes als ein Einwirken auf das Universum selbst.“ Nun fügt er gleich hinzu: „Nicht in dem Sinn, als ob man dadurch die kosmischen Gesetze des Geistes verändern oder gar „aufheben“ könne, sondern dass man diesen Gesetzen gemäß innerhalb ihres weiten geistigen Spielraumes, der wahren Freiheit, nach Bindung des „Unteren“ erst wahrhaft zu wirken vermag.“

Ich glaube, das vermag ein reiner Mensch auch ohne hebräische Buchstaben! Jene Juden, die ihre Buchstaben täglich schreiben und vor Augen haben, sind den Gesetzen des Universums genauso unterworfen wie Nichtkabbalisten.

Ich stelle eine andere Frage, um den Sinn der Sache deutlich zu machen.

Ich bringe auf meinem Haus einen Blitzableiter an. Dieser erfüllt den Zweck, eine Kraftäußerung des Universums an sich zu ziehen und deren schädliche Wirkung für mich zu beseitigen. Habe ich da das Universum oder die schöpferischen Kräfte des Universums verändert? Aufgehoben? Beseitigt? Oder habe ich einfach sachgemäß Kräfte, sagen wir jetzt *magische* Kräfte, benutzt, *um einer mir nachteiligen Kraftwirkung zu entgehen?*

Die schöpferischen Kräfte können wir nicht beseitigen oder aufheben, wir können nur selbst Kräfte anwenden, die uns schützen. Das Beispiel des Blitzableiters betrifft einen natürlichen, d. h. materiellen Vorgang, das gehört in das Gebiet der *Naturmagie.* Trage ich einen Gegenstand bei mir, der Naturkräfte schädlicher Wirkung auf mich oder jede andere Person, die dasselbe tut, ausübt, so schädige ich mich, körperlich, materiell. Benutze ich jedoch Blitzableiter geistiger Art, so schütze ich meinen Geist. Ein Amulett kann materiell wirken und auch geistig. Aber materiell auch nur durch den Geist! Und ist dieser ungöttlicher Richtung, dann wird kein Talisman nützen, kein guter Geist wird uns bei bösem Tun beschützen. Wer hingegen bewusst nach Gott strebt, der wird durch die magischen Kräfte in Symbolen und Naturvorkommen (Edelsteine) stark gefördert. Verhindert dann diese Kraft eine Untat, so schützt er auch vor den Folgen materieller Art.

Dann wird die Naturmagie *Weiße Magie*! Hingegen wird kein Buchstabe und kein Amulett einen Schwarzmagier schützen! Im Gegenteil!

Wenn das Dr. Strauß mit seinem Nachsatz von der Bindung des Unteren sagen will: Warum druckt er den gesperrten Satz mit seiner Irreführung nach, wo doch kein Grund vorlag? Welche Interessen hatte er da zu vertreten?

Besonders wichtige Symbol-Verbindungen

Aus dem Deutschen Tarot-Buch des Verfassers entnommen

Der „Baum des Lebens“ vor der Schöpfung des „Reiches oder Malkuth“

A

1 = Kether, Ur-Sephirah. Die Krone
2 = Chochmah = theoretische Vernunft
3 = Da-ath = Erkenntnis, Wissen
4 = Binah = praktische Vernunft
5 = Chesed = Gnade, Liebe
6 = Geburah = Strenges Recht
7 = Tiphered = Herrlichkeit
8 = Nizah = Festigkeit, Dauer
9 = Hbd = Glorie, Pracht
10 = Jesod = Grund, Fundament.

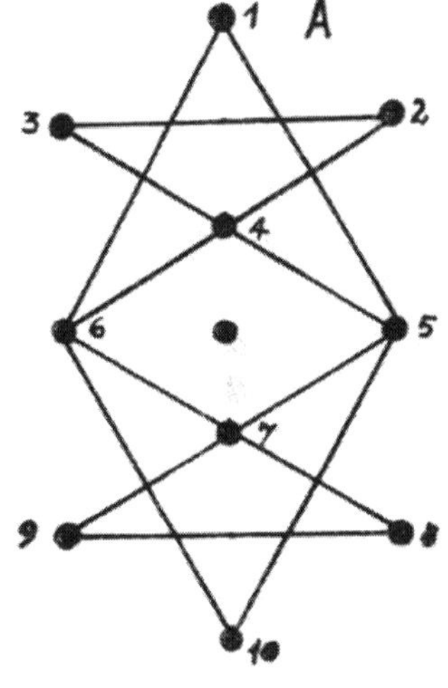

Außer der allgemein üblichen Konstruktion des Lebensbaumes finde ich einen andern, der aus zwei Pentagrammen besteht, wovon das eine die untere Spiegelung des oberen anderen ist. Hierbei fehlt die Sephirah Malkuth, dafür ist die sonst nicht einzufügende Sephirah Da-ath eingesetzt.

Hier liegt alles noch im reinen, nicht verstofflichten Sein; es ist eine Darstellung von Gott-Sein vor der Schöpfung. Diese Figur ist in sich vollendet, sie besteht nur aus Dreiecken, von denen eine Anzahl nicht ausgezogen ist, um die Grundlage nicht an Deutlichkeit verlieren zu lassen. 2 – 6 – 8 oder 3 – 5 – 9 ergeben vollkommene Dreiecke. 3 – 2 – • und • – 8 – 9 ebenso. Der • in der Mitte ist lediglich zur Verdeutlichung hingesetzt, um die Vorstellung zu erleichtern.

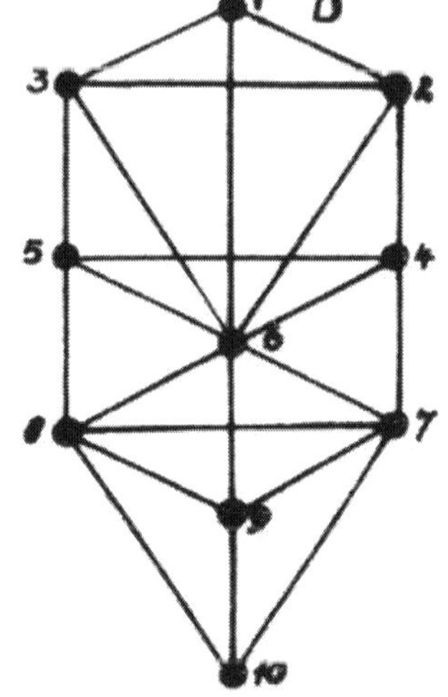

B

1 Kether
2 Chochmah
3 Binah
4 Chesed, Gedullah
5 Geburah
6 Tiphered
7 Nitzach
8 Hod
9 Jesod
10 Malkuth

Dieser Baum des Lebens entspricht der Emanation des Gott-Seins im Da-Sein, also als Gott Schöpfer. Daher endet es in Malkuth = das Reich = der Kosmos. Nun finden sich die Vierecke vor. Kein Dreieck ist vollkommen! Dafür nimmt das Kreuz den obersten Platz ein! Betrachtet die Verbindungslinien zwischen den Punkten als Spannkräfte, dann werden viele geheime Zusammenhänge klar werden!

Die Lehre von den Sephiroth wird im Deutschen Tarotbuch von mir mitgeteilt werden (s. Abb. links).
Die „Vier in den Drei“ ist ein kabbalistisches Problem, das in nebenstehendem Symbol die beste Lösung gefunden hat.
Zu diesem Symbol sind 3 x 3 Linien oder Teile erforderlich, nämlich 3 Dreiecke von je 3 Teilen. Das mittlere Dreieck ist stofflos, es bildet sich von selbst, sobald die drei Dreiecke zusammengelegt sind. „Der tiefe Sinn“, unsichtbar in der Materie! (s. Abb. rechts)

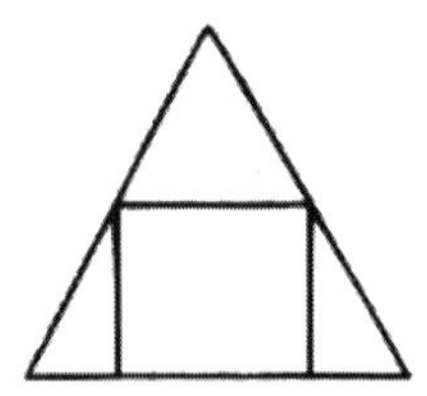

Zu dieser Dreieck-Aufteilung sind 10 Stäbe erforderlich. Hier nimmt das Viereck den Hauptteil in Anspruch, es ist daher das Symbol der Verstofflichung. Das erklärt die Bindung von geistigen Kräften im Stein, namentlich im Edelstein.

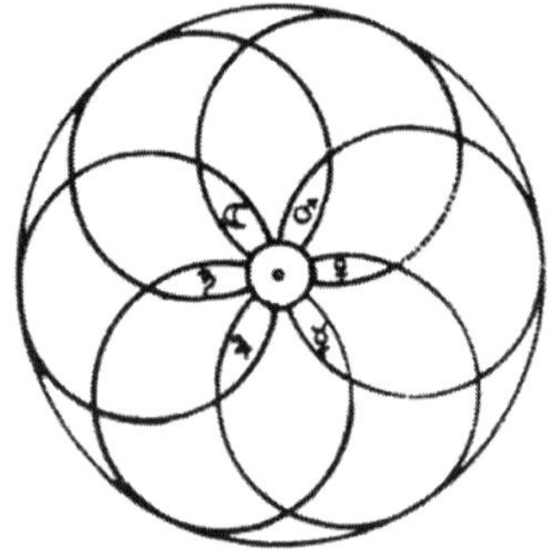

Hier bedarf es keines Pendels! Man lasse nur diese Sinnbilder auf sich einwirken, sie *reden nichts,* sie *schreien* das Gesetz von geistiger Harmonie und materieller Disharmonie!
(s. Abb. links)
Die geheimnisvollen Kreise, oder was die sechsblättrige Blume erzählt!
Beantwortet die Frage der Kabbalisten, ob die ⊙ im System an 6. oder 7. Stelle komme.
(Siehe Deutsches Tarotbuch)

Umkehrung der Symbole

Manche Schriftsteller erklären, ein umgekehrtes Symbol würde dämonisch wirken; namentlich wird das Pentagramm als Beispiel angeführt. Wenn jedoch in diesem Fall Dämonium mit Schwarzer Magie gleichgesetzt wird, so teile ich diese Ansicht durchaus nicht. Der „Daimon“ von Sokrates war kein menschlicher Schwarzmagier, der Dämon des Künstlers, des Schaffenden ist auch weit entfernt von Schwarzer Magie.
Ich führe zwei Beispiele an:

1. Den kabbalistischen Baum dcs Lcbens, bezeichnet als das Ur-Sein, es sind zwei Pentagramme, von denen das untere im Dämonium steht.
2. Das persönliche Hexagramm aus Dogme et Ritnel de la Haute Magie par Eliphas Lévi: Was oben Licht, wird in der Spiegelung im Da-Sein Schatten! Oder anders gesagt: Was oben Gott, ist unten Mensch. Oder: Positiv und negativ, männlich oder weiblich.

Schwarzmagisch wird erst ein Symbol in der Umkehrung, wenn es entsprechend geladen, mit schlechten Kräften ausgestattet wird.

Das Dämonium ist wie der Mensch, dieser kann den weißen oder den schwarzen Pfad gehen, welche Wahl er trifft, das ist entscheidend. Es kommt nicht auf Behauptungen an, sondern auf Beweise und diese liefert uns der Pendel. Versucht es! Nämlich das zwei Arme flehend nach oben gerichtete Pentagramm schwarzmagisch zu aktivieren! Ich habe es vergeblich versucht!

Ähnlich ist es mit dem Hexagramm, wenn es um 90 Grad verschoben, also auf die Seitenspitzen gestellt wird. Ist doch nichts anderes, als zwei Thurs-Runen: „Wille und Tat, Schicksalsdorne, das Leben als Gegenpole, kein Leben ohne Tod, kein Tod ohne Leben“, wie Dr. Lanz v. Liebenfels[22] deutet, „Wahre Dein Ich“ bei Guido v. List.

Bei der Beurteilung der Symbole gehe ich daher von einer anderen Voraussetzung aus, als etwa *Guido v. List.* Dieser erklärt *redende Symbole,* ich erkläre die Wirkung von *natürlichen Kräften* darin. Er deutet Sinnbilder, ich Kraftbilder. Nach meiner Auffassung erstrebt das menschliche Dämonium, die in die Stofflichkeit gesunkene Göttlichkeit, das Theogonium, das geistige Sein. Man kann das eine als Sturz von der Höhe ansehen, das andere als erstrebten Aufstieg. Das sind Feststellungen von tatsächlichen Zuständen, mit böser Zauberei hängt das nicht zusammen.

Die waagerechten Linien können als „Ebenen“ im theosophischen Sinn gedeutet werden. Immer ist eine solche „Ebene“ eine Beschränkung, sei es nach oben, sei es nach unten, oder richtiger nach oben und unten zugleich. Der Strahl von oben

---

[22] Lanz von Liebenfels (1874–1954) war ein Schüler und Freund von List, ein ehemaliger Zisterzienser-Mönch, entfaltete eine rege deutsche und rassenpolitische Aktivität. Sein 1905 veröffentlichtes Buch „Die Theozoologie oder die Kunde von den Sodoms-Äfflingen und dem Götter-Elektron“ propagierte die Verwirklichung der Rasse-Reinheit. Zitat aus Orzechowski (1988-83): „Die niederen Rassen sollen sterilisiert werden, die arische Rasse der Gottmenschen solle sich durch strenge Unterordnung der Frau unter den arischen Mann vermehren. Unverheiratete Brutmütter sollen in Zuchtklöstern von blonden blauäugigen arischen Ehehelfern begattet werden, um Neuarier zu gebären.“ Unschwer ist hier der später von den Nationalsozialisten verwirklichte „Lebensborn“ bereits zu erkennen. Im selben Jahr begann Lanz mit der Herausgabe seiner Broschüre „Ostara, Briefbücherei der Blonden und Mannesrechtler“, die allgemein als „übles Hetzblatt“ in Erinnerung bleibt. Lanz publizierte auch astrologische Prophezeiungen und Abhandlungen zu Themen wie „Sexualphysik“, „Liebe als odische Energie“, „Rassenmystik“ usw.
Zitiert nach: http://www.relinfo.ch/thule/info.html#liebenfels. (rs)

durchbricht die Ebenen. Hier kann es als Unterschied gelten, ob die eine oder die andere der folgenden Kreuzformen gewählt wird.

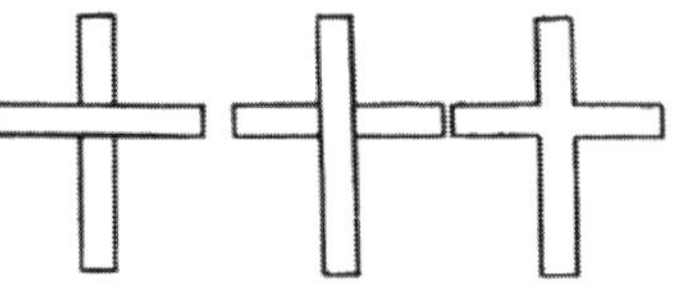

Das kann nun der Pendler für sich als eine Aufgabe ansehen, hier die verschiedenen magischen Möglichkeiten herauszufinden. Nicht nur bei den Kreuzen, sondern bei allen stehenden, liegenden und gewendeten Symbolen.

Die **Y** Glyphe hat als Dreifuß eine erhebliche Bedeutung. Im astrologischen System verbindet sie im günstigsten Aspekt, sie deutet auf die Drei-Eins der Gottheit hin.

Werden zwei **Y** in dieser Weise verbunden so heißt das „Merkabah", der „Wagen" mit den „4 Tieren Ezechiels", welche Form „der Eine" benutzt hat, um in die stoffliche Welt herabzusteigen und sich in ihr zu offenbaren.

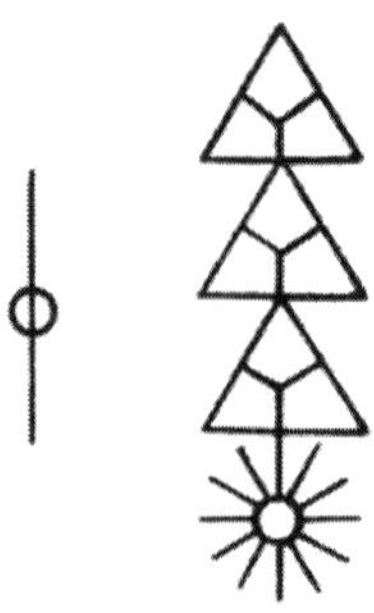

Diese Figur kann magisch mit hohen Kräften ausgestattet werden. Sie geht dem „Baum des Lebens" vorauf.

Pendelbild (s. links)

Ygg-Dra-Sil, die „Weltesche" der nordischen Mythen, ist leicht aus Dreifüßen zu entwickeln! Man sieht im „Baum" mit seiner inneren Verbundenheit mit dem kabbalistischen Lebensbaum die Dreifüße oder 2 Merkabah, endend in der Wurzel 10 = Malchut der Kabbala, darunter die 12 „Ströme" der Edda, deutend auf den Zodiak, die 12 Felder des Horoskops. Von diesem Baum „tropft der Tau, der Täler befeuchtet". An „Urda's Brunnen" steht der Bau, in dem die drei Nornen wohnen: Vergangenheit (Ur-), Gegenwart (da) und Zukunft (Sein).

Als Hinweis, wie Symbole zu lesen sind!

Deutungen aus „Metaphysische Ketzereien" 1792:

⊙ Symbol des schaffenden Gottes u. dessen Körperbild Sonne. Gott im Kosmos.

 Das Symbol der „Götterdämmerung", der Wandlung.

| = plus – minus: + im Kreis der Vollendung.

⊕ = Materie. (Zwei sich kreuzende Linien bedeuten 2 entgegengesetzte Kräfte.)

Der ○ = Größe, Form, Bestimmung.

 Wasser ↓ dualistisch-polaristisch-sexuelle Prinzipien, Feuer ↑.

= Feuerwasser = ignis agneus ral agna ignea Äschmajm – Äther.
= die Quintessenz, der Stein der Weisen.

Derselbe Sinn in der Drachensymbolik. Oben der „geflügelte“ Drache, Volatile, Abyssus superior, unten der „ungeflügelte“ Drache, Fixum, Abyssus inferior.
Der eine Drache kann ohne den andern nicht sein und leben.
Schöpfung der Universalmaterie durch obere und untere Einflüsse.

Zwei Abbildungen Clavicula Salomonis

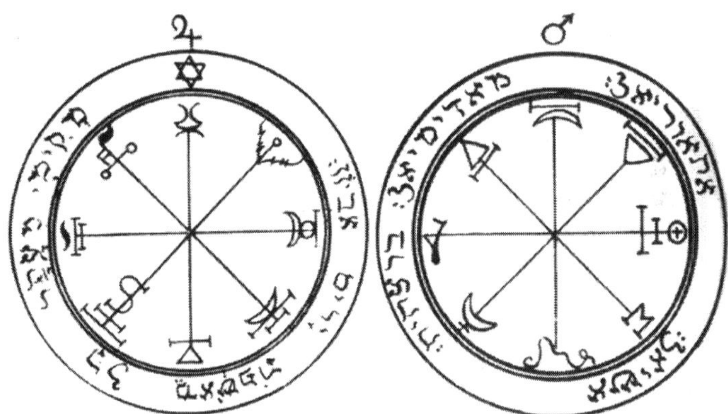

In England werden derartige Zeichnungen verkauft, nachdem sie auf Vorrat angefertigt wurden. Diese haben natürlich wenig Wert, da sie nicht unter magischer Kraftaufwendung hergestellt worden sind.
Solche Pergamentamulette erfordern mindestens zwei Stunden Zeit und ebensoviel zur Erfrischung, sonst ist alles Spielerei. Das kann keiner für sh 3/6 machen.
Wenn Amulette und Medaillen feierlich geweiht werden – Räuchern allein tut's nicht! –, dann gewinnen sie Kraft. Das habe ich bei Heiligenmedaillen gefunden, die von katholischen Priestern geweiht worden waren.

Steine, die reden

Auf dem katholischen Kirchhof einer Stadt am Neckar befindet sich ein Grabdenkmal für ein Ehepaar, errichtet vom Sohn, entworfen von mir. Das Denkmal fällt sehr auf, die Priester sind von weither zum Anschauen gekommen, haben es von allen Seiten sehr nachdenklich betrachtet und sind schweigend weggegangen, ohne ein Urteil abzugeben. Ein Professor hat gemeint: Der Stein ist sehr wertvoll und gedankenreich, nur passt er nicht hierher. Und eine Dame aus der Familie hat das erlösende Wort gefunden: – Nur ist er nicht katholisch!
Der Sinn ist so: Der Stein redet von Gott und Religion, aber nicht so, wie der Herr Pfarrer in der Kirche.

Von diesem redenden Stein gebe ich eine Abbildung, nach dem Aufrichten vor der Bepflanzung. Das Kreuz liegt über den beiden Särgen, um das Kreuz wird Sternmoos gepflanzt, hinter den Stein Schlingrosen. Weiterhin 4 weiße Rosen. Das Kreuz leuchtet also aus dem Immergrün des Sternmooses heraus, um den Stein schlingen sich Rosen. Um das ganze Grab ist eine Thuya-Hecke angelegt, die im Schnitt gehalten wird.
Der untere dunkle Stein ist roter Sandstein, durchsetzt mit flimmernden Glimmerpunkten. Darüber Travertin. Auf dessen pyramidenförmiger Spitze eine Kugel, umgeben von einem Bronzering, der die 22 mm hohen Tierkreissymbole enthält, als Zeichen des Universums. Auf den vier Seiten des Rotsandsteins steht: Ich war, ich bin, ich werde sein.

Bibelstelle. Auf dem Travertin stehen die Namen der Eltern. An den Seiten der Pyramide: Von Gott – In Gott – Durch Gott – Zu Gott. Dazu das Tetragrammaton.
Das Volk steht ratlos vor dem Stein und „kann sich keinen Vers“ darauf machen, nur wird er als bedeutend angesehen und ist bereits eine gezeigte Sehenswürdigkeit, die stets Eindruck macht.
Also, der Stein redet, predigt – – –
Und strahlt nicht!

Kein Grabdenkmal strahlt eine magische Kraft aus, weil alle Symbole ohne magische Krafteinlage mechanisch hergestellt sind. Jede Pflanze auf dem Bild pendelt als lebender Organismus, aber kein Stein. Es sind „Denk“-steine, keine Strahlsteine.

Aus meiner kleinen Sammlung von wirkungslosen und schädlichen Talismanen bilde ich ein Stück als Probe ab. Es ist aus Kupfer hergestellt, mit Venuscharakter, weil die Person unter einem Venuszeichen geboren ist, für die das Schutzstück von einem „Sachverständigen“ angefertigt war. Das Pendelbild zeigt hauptsächlich den wohlbekannten waagerechten Strich. Die Vergleichspendelung zwischen Person und Talisman ergab energische Ablehnung! Der Talisman wurde einige Zeit getragen und bewirkte fortgesetzte Konflikte im privaten und beruflichen Leben. Ich wurde gebeten, einen Schutzzettel zu schreiben, also einen Pergament-Talisman. Nach kurzer Zeit erhielt ich von dieser Person die Mitteilung, nun sei alles wieder in schönster Harmonie, mit dem Tage habe sich alles geändert, wo er den Kupfertalisman, den er mir schenkte und von dessen Vorhandensein und Wirkung ich jetzt crst Kenntnis bekam, zur Seite gelegt habe.

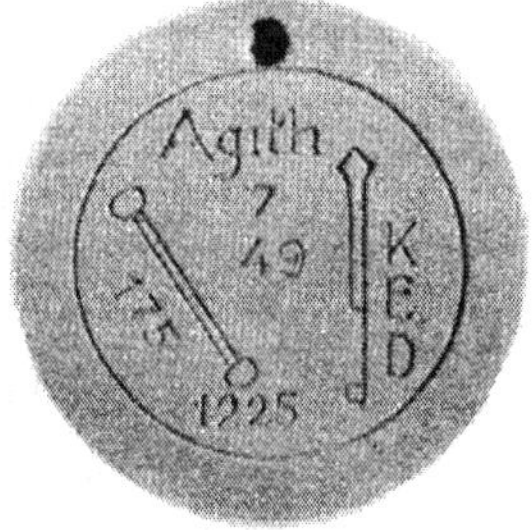

Prüfung von Talismanen. Geschieht so, als wenn ein Medikament oder ein Nahrungsmittel ausgependelt wird. Es müssen vollkommene Kreise gependelt werden! Der Talisman selbst muss weite Kreise verursachen und ebenso muss die Einkreisung sein. Dann kann das Schutzstück auf Herz und Nieren geprüft werden, indem es als Charakterpersönlichkeit aufgefasst und als solche ausgependelt wird, wie ich das bei den Planeten als Muster gezeigt habe. Diese Sonderpendelung ergibt bei obiger Kupfermedaille als stärkste Linien, was ich als Pendellinie für Sigille von Dämonen angegeben habe!

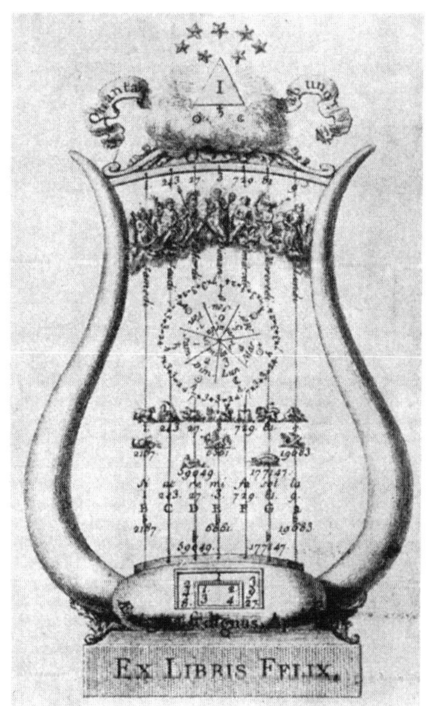

Jedermann kann daher seine Talismane genau auf Charakter und Wirkung untersuchen.

In meiner Sammlung befinden sich außerdem:

Tote Tiere, speziell die schönen grünen Käfer aus Brasilien, und Figuren, hier auch solche aus Ägypten. Dann Edelsteine. Ich fand größere Stücke, die zur Hälfte gut und zur Hälfte schlecht wirkend waren, nach der Teilung stellten sich zwei völlig verschiedene Wirkungen heraus.

Vorsicht ist gegenüber allen geschnittenen Steinen anzuwenden, also Gemmen, Skarabäen usw. Doch fand ich auch einen Skarabäusring, der wirklich gut war.

Unter den wirkungslosen Talismanen befinden sich namentlich geschriebene und gegossene.

Ermahnungen, Gebete und Medaillen an sich sind wirkungslos, es fehlt die magische Kraft.

Zwei Ex-Libris

mögen diesen Abschnitt beschließen.

Es sind sehr seltene Stücke, die ich in Paris aufgetrieben habe. Das Bücherzeichen von Charle Geille-Saint Leger ist freimaurerisch, die Symbole deuten auf einen hohen Grad hin (rechts).

Ex Libris Felix (s. S. 71) erklärt die göttliche Harmonie, Zahlenmystik verbunden mit Astrologie, Tonmystik, Mythologie.

Diese Stücke sind nicht magisch geladen. Jedoch nehme der Forscher sie vor und zeichne die Symbole in Gedanken nach, *lade sie ohne Berührung.* Dann wird er dem Pendel schöne Aufgaben überweisen können!

Mit dieser Übung schließe ich dieses Lehrstück ab. Ich hoffe, vielen Pendlern ganz neue Erklärungen und Forschungsmethoden gegeben zu haben, die sich als sehr nützlich erweisen werden!

Was nicht ausgependelt werden kann

Die Feststellungen des Pendels sind so überraschend, dass Neulinge außer Rand und Band geraten und nun mit ihren Fragen weit über das Ziel hinausschießen.

Wir können alle gewachsenen Stoffe auspendeln, wir können auch das Unterbewusstsein befragen über Vorgänge, die in der Vergangenheit liegen und daher „behalten" sein können; wir können mit geringerer Sicherheit auch erkennen, welchen Eindruck die Psyche von irgendetwas erhalten hat: Alles das ist begreiflich, verständlich.

Aber wir können nicht Ereignisse feststellen, die in der Zukunft liegen! Also keine Antwort erhalten auf folgende Fragen:

Werde ich mein Haus oder sonst etwas gut verkaufen?

Werde ich mit einer beabsichtigten Reise Erfolg haben?

Werde ich Frau XYZ zu Hause antreffen, wenn ich sie jetzt besuche?
Werden die Herren Donnerwetter & Ungewitter das Teilhaberverhältnis fortsetzen oder sich geschäftlich trennen? (Die sympathische Einkreisung der beiden Herren hat auf die Verfolgung geschäftlicher Pläne keinen Einfluss, sie können sich in voller Freundschaft und Einigkeit geschäftlich trennen!)
Haben wir am Sonntag schönes Wetter?
Bekomme ich einen angenehmen Kollegen?
Werde ich in dieser oder jener Stadt Glück haben?

Und unzählige andere Fragen, die jedem Pendler in der ersten Stunde entgegenschwirren.
Wer oder Was soll denn diese Fragen beantworten? *Welche Stelle hat dafür Ausstrahlungen?*[23] Es sind letzten Endes Fragen an die Geisterwelt und da muss ich doch vorher fragen: Ist der Befragte überhaupt vertrauenswürdig, zweifelsfrei und einwandfrei? Sonst hat ja die ganze Antwort keinen Sinn! Also es läuft auf Spiritismus hinaus und diesbezüglich verweise ich nachdrücklich auf den Abschnitt Spiritueller Pendel.

Symbole aus Pendelfiguren

Der Pendel ist bei seiner Vielseitigkeit vortrefflich geeignet, in der Hand besonders begabter Pendler neue Symbole zu bilden. Das kann nur immer ein Sondergebiet für Talente sein. Aber wer verrät uns denn, wie unsere alten Weisen zu ihren Bildungen gekommen sind? Zu eng gedacht wäre die Schlussfolgerung, die klassischen Symbole wären nur intellektuelle Konstruktionen! Oder nur mediale Schauungen! Die Möglichkeit, die Bildung neuer Symbole in der Jetztzeit zu erleben, ist sehr lehrreich, sie öffnet unserer Gedankenwelt Türen, die in Tempelräume voller neuer Erkenntnisse führen! – *Karl Keßler in Baden-Baden* erpendelte *hellsehend* folgende Charaktersymbole:
Deutung laut Karl Keßler:
Im planetarischen Sonnenglobusfeld von *A. Frank Glahn* winden sich zwei Schnecken in Schlangenlinie, andeutend den Besitz des Schlüssels zur *planetaren* Astrologie, Es ist gleichzeitig das Zeichen Zwillinge: Also mit Kritik und Intellekt. Der Querstrich im unteren Raum zeigt Erde und irdische Gedanken an, sie bedeuten den irdischen Astrologen für die menschliche Entwicklung.

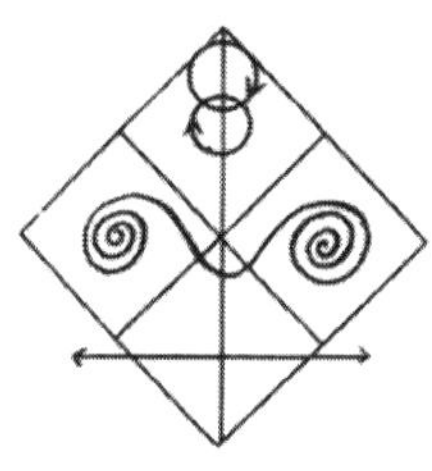

[23] *Sanitätsrat Dr. Classen hat in seinem Buch erklärt, diese Anregung sei ihm Wegweiser geworden, er bemängelt jedoch meine Beispiele. Mein Kritiker hat diese Frage, die zugleich eine grundsätzliche Erklärung enthält, übersehen, denn er fragt auch nur, wenn er strahlende Unterlagen hat!*

Die zwei Ringe im oberen Raum sind die Keimzellen des Geistes, also hier geistige Befruchtung zur Berufung. Diese Ringe trennen sich und steigen an der Ich-Rune auf die Person herab. Die Hagalrune deutet auf die vorzunehmende Verbindung zwischen irdischem Planetarium und Kosmos. Das als Zukunftsaufgabe. Jetzt herrscht der über die rein irdische Ebene hinaufgehobene Intellekt.

Nun einige dieser Pendelsymbole, jedes für eine bezeichnete Persönlichkeit.

Diese Symbole sollen „die Berufung" ausdrücken. Die Erklärung darüber gibt Herr Keßler ab, als Beispiel dient die obige Darstellung für mich.

Ich frage: Sind das Gedankenbilder? Auspendelung der die Person bewegenden Gedanken? Ist das „Berufung"?
Über die Auspendelung der Gedanken schreibe ich im Buch Charakter und Anlagen Näheres für Nichthellseher.

Der spirituelle Pendel[24]

Als der psychische Pendel während der Kriegsjahre[25] bekannt wurde, stürzten sich alle Okkultisten darauf. Das sind Personen, die sich mit den übersinnlichen Kräften, den von der zünftigen Wissenschaft noch nicht bemerkten Strahlungen und Kräften, beschäftigen. Darunter befinden sich auch viele Spiritisten, also Leute, die sich im Verkehr mit wirklichen oder angeblichen Geistern oder Gespenstern oder geheimen psychischen Kräften ausbilden.
Konnte der Pendel nicht ein leichteres, handlicheres Instrument sein, als ein schwerfälliger Tisch oder der Widerstand bietende Arm des Schreibmediums? Man konnte ja aus alter Erfahrung schöpfen, denn schon in klassischen Zeiten benutzte man den Pendel zur Wahrsagerei. Ein genügend großes, oben offenes Glasgefäß wurde am Rand mit den einzelnen Buchstaben versehen, der Pendel wurde in das Glas gehalten und die Pendelanschläge trafen Buchstaben, welche zusammengesetzt Worte bildeten. Das hat ein paar Römern den Kopf gekostet, welche den Namen des zukünftigen Kaisers erfragt hatten. Da wir aber im Zeitalter des Papiers leben, so griff man gleich zu Feder und Papier, zeichnete im Kreis alle Buchstaben und Zahlen, Wochentage und Monate, auch einzelne Worte, wie „Ja“, „Nein“, „Schluss“, usw. auf, hielt den Pendel darüber und siehe da, es ging. Damit soll der Pendel ein Instrument der „Spirits“, der Geister, geworden sein, und daher stammt also auch die Bezeichnung „spiritueller Pendel“.
Wer selbst die Existenz von Wesenheiten erfahren hat, die dem menschlichen Auge ebenso unsichtbar sind, wie viele andere Dinge, deren Existenz erkannt und bewiesen ist, die man aber nur an ihren Wirkungen studieren kann: Elektrizität, Röntgenstrahlen, Herz'sche Wellen, Luftdruck, Äther, Atome und viele andere, bezweifelt nicht die Möglichkeit, dass „Geister“ den Pendel bewegen. Kann es doch mein eigener Geist!
Nimm den Pendel in die Hand und verlange recht energisch, er solle sich in dieser oder jener Richtung bewegen, so wird er dem Gebot folgen, wenn die aufgebotene Willenskraft stark genug ist! Jetzt fordere einen Freund auf, er solle den von dir gehaltenen Pendel in einer von ihm gewollten Richtung durch Gedankenenergie bewegen, während du dich passiv verhältst, das Experiment wird in der Regel gelingen. Zwei Personen können auch untersuchen wer von ihnen die stärkste Willensenergie, die größte Konzentrationskraft hat, indem der eine den Pendel quer, der andere senkrecht zum Pendelhalten befiehlt. Die Einflüsse kämpfen, der Pendel wird bald hierher, bald dorthin gezogen schließlich erlahmt eine Person, die andere setzt sich durch.

---

24 Weitere sachliche Ausführungen zu diesem Kapitel befinden sich der Bedeutung wegen im 4. Band „Seele und Geist – Charakter und Anlagen“, Bohmeier Verlag. Dort ist insbesondere die Abspaltung von Gedankenformen behandelt.

25 Hier ist der 1. Weltkrieg 1914–1918 gemeint. (rs)

So ähnlich mag es bei den uns unsichtbaren Wesenheiten hergehen. Unter diesen verstehe zunächst Wesenheiten in einem uns unsichtbaren Leib. Die meisten Tiere können mehr sehen als die Menschen. Wenn ein Hund ein unbekanntes, unsichtbares Ding wütend anbellt, so „sieht er Gespenster". Glaube nun aber nicht, es seien „höhere" Wesen, im Gegenteil, sie stehen meist unter den Menschen in Bezug auf Intelligenz und Gutherzigkeit. Von seiner Kindheit an hat jeder strebende gute Mensch seine Schutzgeister, seine „Engel". Künstler haben oft visionäre oder hellseherische Blicke, sie bilden die gesehenen Dinge ab, nach bestem Können, und die normalsichtige Menschheit hält das für Fantasien. Der Heiligenschein ist echt, man kann ihn bei guten frommen Menschen in der geistigen Erhebung noch heutzutage sehen, sogar fotografiert worden ist er, ebenso wie „Gespenster". Wie will man es sich z. B. erklären, dass all die Gnome, Wichte, Sylphen, Undinen, Feuergeister, Teufelsfratzen zu allen Zeiten, bei allen Völkern gleichartig vorkommen?
Die „Genien", Schutzengel, Fyglien, Schutzgeister sind in der Kunst dargestellt als Engel mit bewehrten Flügeln, scharfen Krallen an den Händen, auch wohl anstelle der Füße mit Fischschwänzen. Es sind Kampfwesen, die deine Seele verteidigen sollen. Gegen wen? Nun, gegen bösgesinnte Wesen, Dämonen, Foppgeister usw. Nicht nur der Einzelmensch kann von Dämonen besessen sein, sogar ganze Völker können es, wie man es jetzt schaudernd erlebt. Dass die Kraft dieser Dämonen durch kosmische Einflüsse gestärkt wird, durch die sogenannten Planetengeister, erwähne ich als Astrologe, der mit diesen Einflüssen so rechnet, wie der Ingenieur mit seinen Pferdekräften, nebenbei.
Wer aber an dem Ausdruck „Dämonen" Anstoß nimmt, mag sich einen zusagenderen auswählen: Saufteufel, Spielwut, Hosenteufel, Lüge, Heuchelei, Laster aller Art, minderwertige Psyche, teilweise oder gänzliche Unzurechnungsfähigkeit, teilweiser Irrsinn, Geiz, Verschwendung, moralische Schwäche oder Defekte, Hurengeist, Besessenheit, Verrücktheit, Kleptomanie, – man sieht, selbst ohne ärztliche Fachausdrücke ist für jeden Geschmack gesorgt. An der Sache ändert der verschiedenartige Ausdruck aber nichts.
Nicht nur kann jeder vierte Mensch pendeln, er kann ebenso „medial schreiben". Das geht noch viel fixer, als das Buchstabenpendeln! Anleitungen und Apparate dazu – die man aber gar nicht nötig hat – werden ja dutzendweise angeboten. Stelle einen Versuch an, damit du auch über diese „Medialität" lächeln kannst. Nimm einen Bleistift in die Hand, lege ihn auf ein Stück Papier und frage deinen Schutzgeist: Verehrungswürdiger Schutzgeist, willst du dich meines Armes, meiner Hand bedienen, um mir Wünsche oder Ratschläge oder Mitteilungen zu geben? Natürlich muss er erst üben, es geht nicht immer gleich wie geölt, auch geht es einen Tag besser als den anderen. Aber deine willenlose Hand bekommt bald Impulse und setzt sich in Bewegung. Zuerst Kritzeleien, Linien, dann unbeholfene, bald aber recht bestimmte Buchstaben und Wörter. Erstaune nicht, wenn sich neben annehmbaren Sätzen gelegentlich Ungezogenheiten, Schnurpfeifereien,

Frechheiten, Hohn und Spott sehen lassen! Prüfe die Aussagen nach: Man findet Stimmendes wie Unstimmendes. Bauen kannst du darauf nicht, mein lieber Leser! Was dir an guten Lehren zukommt, wird sich merkwürdig gut zu deinem innersten Gedanken reimen. War es vielleicht dein Unterbewusstsein, welches die Schreibkraft geliefert hat? Oder inspiriert dein Schutzgeist dein Unterbewusstsein, so dass du klar bist, wenn du eine Sache beschlafen hast und aufstehst? Dann brauchst du ja die ganze Schreiberei nicht!

Denn wisse, indem du willenlos deine Hand bietest, deinen Willen ausschaltest, bist du offen für den Eintritt der Dämonen! Einlassen kannst du sie, aber kannst sie nicht wieder los werden! Wer betrunken ist, wenn der Teufel Alkohol die Sinneskraft und Selbstbeherrschung geraubt hat, ist den Dämonen ebenfalls preisgegeben, darum die vielen Verbrechen im trunkenen Zustand!

Gewiss gibt es ein echt mediales Schreiben, wodurch auch Mitteilungen erfolgt sind, die auf keine Weise zu erlangen waren, wobei das Unterbewusstsein im üblichen Sinn nicht in Frage kommen konnte, wenn es sich z. B. um die Aufdeckung unbekannter Vorfälle aus der Vergangenheit handelt, für welche aber Beweise, etwa durch Ausgrabung, beschafft werden können. Hier haben offenbar ernsthafte, intelligente Kräfte die Feder geführt. Aber zunächst sind es sehr seltene Gaben und sie setzen eine sehr ernsthafte Ausbildung und Überwachung voraus, ohne das ist das mediale Schreiben eine gefährliche Spielerei mit dem Feuer. Die verschiedenen Theorien über die Wesenheit oder die Quelle der wirkenden Kräfte hier zu behandeln, hat keinen Zweck, es könnte sich immer nur um eine Parteinahme handeln, die nicht beweiskräftig ist. Sicher ist eins: Es ist immer ein Kampf zwischen Genien, d. h., guten Kräften und Dämonen, also schlechten Kräften, vorhanden. Jeder spiritistische Zirkelleiter hat davon überreiche Erfahrungen. Dieselben Kräfte guter und schlechter Art wirken beim medialen Schreiben und beim medialen, d. h. spirituellen Pendeln.

Auch damit kannst du eigene Erfahrungen machen, wie beim medialen Schreiben. Nimm den Pendel, halte ihn vor dich und sprich ihn an: „Mein lieber Pendel, ich möchte von dir einige Auskünfte haben. Bei ‚Ja' schlage auf mich zu, bei ‚Nein' mache einen Querstrich, kann die Antwort nur ungewiss sein, schüttele mit dem Kopf, d. h., schlage Kreise." Nun frage Dinge, deren Wahrheit noch zu ermitteln ist, z. B.: Brennt in der Küche noch Licht? Ist in diesem ungeöffneten Brief eine gute oder eine schlechte Nachricht? Bekomme ich heute Abend Besuch? Bekomme ich heute von dieser oder jener Seite Geld? Antwort wird meistens erfolgen, und du kannst die Wahrheit erproben. Bedenke: Entweder es kann wahr oder falsch sein, das ist 1:1. Wenn ich rate, würfele, Strohhalme ziehe oder an den Westenknöpfen abzähle, ist die Wahrscheinlichkeitsrechnung die, dass ich einmal recht, einmal unrecht habe. Das beweist gar nichts. Nur wenn etwa 80 Prozent aller Antworten richtig sind, kann man sagen: Unter 5 Fällen sind 4 durchschnittlich zutreffend, dann hat man ein Wahrscheinlichkeitsurteil zugunsten des spirituellen Pendels. Aber dann fange erst an zu prüfen, ob es möglich war, dass dein

Unterbewusstsein die Antwort diktieren konnte, diese Fälle scheiden dann aus, und berechne nur die anderen, wo die Antwort auf die Frage *völlig* offen ist. Das gibt erst ein Urteil, welches wissenschaftlich haltbar ist.

Ich schreibe dieses Kapitel nur zu dem Zweck, zu warnen, ernstlich zu warnen. Wer sich viel mit dem siderischen und dem psychischen Pendel befasst, wird bald Beziehungen zu anderen Pendelfreunden erhalten, und so wird es nicht lange dauern, so wird man zu dem spirituellen Pendel raten und greifen wollen. Dagegen will ich einen Schutzdamm aufwerfen! Deshalb rate ich zu harmlosen Versuchen, um zu einem Urteil zu kommen, ehe es dazu zu spät ist, der Dämon bereits Besitz ergriffen hat.

Man soll sich doch nicht lächerlich machen, nicht sein Menschentum und die eigene Intelligenz verspotten!

Was soll man sagen, wenn gebildet sein wollende Menschen jeden einkommenden Brief erst abpendeln, ob er gute oder schlechte Nachrichten enthalte! Warum nicht einfach den Brief öffnen und lesen und zu dem Inhalt eine vernünftige Stellung einnehmen? Ist es bloße Furcht, die vor dem noch Verschlossenen zittert? Oder wenn ein Besuch angemeldet wird und der Pendel soll entscheiden, ob man ihn annehmen oder ob man sich verleugnen lassen soll! Oder ob man ausgehen oder zu Hause bleiben soll! Das ist nicht nur lächerlich, sondern entwürdigend, beschämend. Man rede doch nicht von seinen „Hausgeistern“, die man noch nie gesehen hat, deren Wirksamkeit darin besteht, die Hausbewohner zu entmündigen und zu beherrschen! Diese Hausgeister haben offenbar eine größere Gewalt, als die ganze staatliche Macht. Es sind in Wahrheit freiwillig zugelassene Hausgötzen. Da haben nicht die Menschen die Geister, sondern umgekehrt, die Geister haben ihre Menschen! Eins haben sie aber gewiss nicht: Gott! Darum rate ich: Halte dich an das Natürliche, an die Ausstrahlungen der Stoffe und Körper, dabei stehen dir genügende Kontrollmaßregeln zur Verfügung, daraus kannst du Nutzen der erheblichsten Art ziehen, das „Geisterreich“ aber lasse bitte in Ruhe, damit du deine Ruhe behältst. Deine echten Schutzgeister sollst du ehren, nicht aber entwürdigen zu Gaukeleien.

Zusatz

Wider Erwarten hat obiger Abschnitt, der unverändert wieder abgedruckt wird, keine Proteste aus dem Leserkreis zur Folge gehabt. Im Gegenteil! Ich erhielt eine Anzahl Zustimmungen, begleitet von eigenen Erlebnissen, die alles Gesagte bestätigen. Um ein Beispiel aus dem Leben zu bringen, habe ich von den Erzählungen eine herausgegriffen, die besonders anschaulich ist. Die Schreiberin ist eine hochgebildete Dame mit stark entwickeltem ethischem Empfinden. Wer nach dem Lesen der folgenden Zeilen noch Neigung verspürt, den Pendel zu Totenbeschwörungen zu benutzen, dem ist nicht zu raten und zu helfen.

„Ich schrieb Ihnen seiner Zeit, dass ich Pendelexperimente mache. Entgegen Ihrer Warnung, ich gab nicht Acht auf das, was Sie über spiritistisches Pendeln gesagt hatten, versuchte ich den Pendel eines Tages doch über einer zufällig aufgefundenen Buchstabentafel. Erfolg sofort, d. h., ich bekam ganz rasche und ganz sinngemäße Antworten, dabei so persönlicher Art, wenn auch manchmal in unmoderner Ausdrucksform, dass ich fragte: ‚Wer spricht eigentlich mit mir?' Und zur Antwort bekam: ‚Deine Großmutter ...', nur oft auch ‚deine Großmutter ..., von der du die besondere Begabung für den Verkehr mit Jenseitigen hast.' Ich wäre vielleicht erschrocken, wenn nicht alles, was gesagt wurde, so sehr liebevoll und freundlich geklungen hätte. Schließlich hatte ich jeden Tag eine regelrechte Unterhaltungsstunde, die, wie es hieß, schon immer mit Ungeduld erwartet wurde.

Es gab Gesprächsstoff aller Art, durchaus nicht oberflächlich, sondern sogar politisch, astrologisch (mir ein doch beinahe noch unbekannter Stoff), wissenschaftlich, so dass ich tatsächlich an eine stärkere Intelligenz und jedenfalls viel Liebe für mich glaubte. Dann kamen mit einem Mal Warnungen, Briefe wurden angekündigt, es bewahrheitete sich aber nicht und auf meinen Vorwurf kam die Bitte um Entschuldigung: Auch Jenseitige könnten irren, ihr Wille sei der beste, und sie versprachen, nie wieder mit solchen Sachen zu kommen. Ich betone nochmals, dass der Pendel so rasch und für andere ebenso gut lesbar als für mich über die Buchstaben flog, nur wenn ich etwas nicht verstand, ging er ganz langsam zurück bis zu dem Wort, was ich beanstandet hatte.

Immer logisch in vornehmer Art zu reden und zum Erstaunen gut versiert in allen richtigen Dingen. – Schließlich kam aber doch eine Katastrophe, d. h., es wurde eine durch meinen Unverstand.

‚Meine Großmutter' teilte mir in schmerzvoller Art mit, dass meinem Schwiegersohn eine schwere Gefahr durch einen Autounfall drohe. Das wiederholte sich mehrere Male, bis sich eines Morgens der Pendel in ganz feierlicher Weise bewegte und *ganz genau, als wenn Jemand im Leben auf etwas Schreckliches möglichst schonend vorbereitet werden soll,* bekam ich zu hören: ‚Halte dich heute zu Hause, denn eine schlechte Nachricht kommt noch heute. Erich ist mit dem Prinzen ... im großen Auto nach Oberschlesien gefahren ... *eben* ist der Zusammenstoß erfolgt ... Erich ist besinnungslos ... er hat ausgelitten!'

Bei den Absätzen schwebte der Pendel ganz hoch, ich war so ergriffen, dass ich mir wie vor Gott stehend vorkam, und nun auch noch hörte, aus welchem Grund meine Tochter nicht mitgefahren sei, sie habe daran gedacht, dass ich ihr (Tatsache!) gesagt hätte, Wassermanngeborene hätten sicher mal eine große Gefahr auf Reisen zu bestehen. Ich bat inständig, mir keine Unwahrheit zu sagen, denn es sei für mich das Schwerste, was ich bis jetzt im Leben zu ertragen gehabt hätte, immer wieder kam die Versicherung: ‚Es sei so!', sogar ‚Gabriel' solle kommen, um es mir zu bestätigen.
Und dann ... nichts war wahr! Ich habe zwei Tage *furchtbarster* Angst durchgemacht, wagte nicht telefonisch oder telegrafisch anzurufen, um nicht ungehorsam durch *Unglauben* zu sein und marterte mich mit entsetzlichen Selbstvorwürfen aus verschiedenen Gründen, so dass mein Haar am nächsten Morgen eine weiße Strähne hatte.
Als nun keine Nachricht kam, fragte ich den Pendel nochmals, ob ich nach ... fahren könnte. Antwort: Das ist das Beste, was du beschließen konntest. Während der Pendel noch weiterging, hatte ich plötzlich eine lächerliche Empfindung, bitte lachen Sie nicht, ich dachte: ‚Du alte Schachtel kannst reden, was du willst.'
Jetzt aber der Pendel! – Er raste über die Tafel, ich bekam Flüche für meine Verderbtheit, bis ich voll Entsetzen sagte: ‚Wenn Jenseitige so fluchen, sind sie nicht besser als wir Menschen und brauchen nicht von Vollendung zu sprechen.' Darauf die Antwort: ‚Das war dein Glück, du hast die Probe bestanden.'
Aber ... ich kann seitdem nicht mehr rein an alles Göttliche denken, und das ist für mich die schlimme Folge des Unverstandes. Immer, wenn ich von Gott, Christus, kurz unserm Höchsten und Heiligsten höre, selbst spreche, oder mich gedanklich damit beschäftige, kommt ein gemeiner Ton hinein, bald lauter, bald leiser, aber ich bin ihn noch nicht los, soviel ich auch dagegen gekämpft habe. Ich lese Mulfort, Trine, Emerson, vermeide alles, das herabziehen könnte, strebe nach dem Besten und Reinsten und kann aus diesem Dilemma nicht herauskommen. Es *muss* doch aber einen Weg geben, diese abscheulichen Stimmen zu unterdrücken, oder ich lasse sie unbeachtet weitertönen, bis es von selbst verstummt und die Krise überwunden ist. Ich habe Ihnen so ausführlich geschrieben, weil ich dachte, Sie würden ein Interesse daran haben. – Wenn ich nicht ein mit den Nerven völlig gesunder Mensch wäre (ärztlich bestätigt), könnten Sie glauben, ich sei nicht ganz normal; vielleicht fühlen Sie intuitiv, wo der Schuh drückt ..."

Dann noch aus einem späteren Brief:

„Ich benutze jetzt den Pendel nur zu Speiseuntersuchungen und rein wissenschaftlichem Zweck, wo er doch sicher nicht schaden kann. – Es war mir auch eine Erleuchtung, als ich von Ihnen las, dass Sie auf *tatsächliche* Fragen unvollkommene oder gar konfuse Antworten bekämen; dann braucht man überhaupt keinen zu fragen, sondern der einzige Weg wäre der in die *eigene* Seele hinein, in immerwährender Arbeit seiner tatsächlichen Herzensreinheit zuzustreben, nur *dadurch* eine Verfeinerung der Sinne zu erreichen, was unbedingt möglich ist. Wir haben hier Unvollkommenheiten genug, was brauchen wir noch die „Jenseitigen“ zu fragen, wenn nur *solche* sich uns mitteilen, die selbst noch einer Höherentwicklung bedürfen. Uns nützt nur, was uns besser macht und ich verzichte darauf, die Unvollkommenheiten vergangener Menschenleben noch zu meinen eigenen in mich aufzunehmen. Hoffentlich kann ich auch diese Einflüsterungen bald wieder *ganz* loswerden. Ich sage jedes Mal, wenn sich etwas hören lassen will, einen Satz aus der neuen Mystik von Curtis, also z. B.: Mein innerstes Leben ist Heiligkeit und Gnade; in mir ist allumfassende Liebe, ich bin beherrscht von Weisheit, Güte, Schönheit, Gerechtigkeit usw. Diese *positiven* Worte und Begriffe helfen sehr, man muss sich vor allen negativen Ausdrücken hüten, eine Wahrheit, die ja vor allem auch der berühmte Nancyer Arzt in seiner Schule für Autosuggestion als Hauptsache lehrt.“

Diesen Sätzen stimme ich vollinhaltlich zu. Wer so viele Menschen wie ich kennen gelernt hat, die unter dämonischen Einwirkungen standen, weiß die Schwierigkeiten, sich davon zu befreien, einzuschätzen. Ein Pastor hat dazu über zwei Jahre nötig gehabt!

Darum wiederhole ich meine Warnung!

Neuer Zusatz zur dritten Bearbeitung

Ich nehme kein Wort zurück, unverändert warne ich vor Experimenten, die ohne mangelnde Kontrolle in die Irre führen. Mindestens soll der Pendler über Bewusstseinsspaltungen unterrichtet sein! Dazu dient sehr gut das Buch von Prof. Staudenmeier über Praktische Magie.

Es sind mir inzwischen wieder viele Bestätigungen zugekommen, von denen ich den letzten Bericht folgen lasse, weil er kurz und eindeutig ist.

Auch hatte ich verschiedentlich Gelegenheit, Auspendelungen auf spiritistischer Grundlage auf ihren Wahrheitsgehalt nachzuprüfen und das „Pendelergebnis“ war alles andere als erfreulich oder richtig.

In eine Auseinandersetzung über die Natur der Geister, Engel oder Dämonen kann ich mich hier nicht einlassen, da der Ort unpassend ist. Wer Neigung zur Totenbeschwörung oder den untersten Wesen der Schöpfung hat, betätige diese vor allen Experimenten durch eingehendes Studium der fachwissenschaftlichen Literatur.

„Verden a. d. Aller, 27. 2. 1930

Ihren väterlich wohlmeinenden Rat, in der Pendelforschung und dadurch im Verkehr mit den Geistern nicht zu weit zu gehen, habe ich anfänglich nicht beachtet! Dieses habe ich bitter büßen müssen! Ich habe die scheußlichsten und bestialischsten Geister-Kämpfe überstehen müssen und mich aus diesem Grund fast 2 Jahre in Nervenheilanstalten behandeln lassen müssen! Jedoch hat mein Wissensdurst das Gute an sich gehabt, dass ich außer den Gefahren der Pendelforschung erst recht erkennen lernen konnte, welche segensreichen Gebiete man durch diese erschließen kann."

J. H. W. ..."

Pfarrer W. Wustrow aus Brasilien übersandte mir einige Berichte über spirituelles Pendeln, die ich mitteilen will, um auch die Gegenseite zu Wort kommen zu lassen.

Unser Pendelspiritist lässt am Schluss erkennen, dass er auch Misserfolge zu verzeichnen hat, über Fehlschläge will er jedoch nicht berichten. Ich unterstreiche seine Angabe, dass diese sich auch auf Wetterfragen beziehen, weil *R. Voeckler* neuerdings spirituelle Pendelei zur Erlangung von Wetterprognosen empfiehlt!

Wir wollen bei folgenden Beispielen fragen, ob wirklich spirituelle Pendelei vorliegt! Ob nicht erklärbare Unterlagen vorhanden sind!

1. Fall: Zwei Pferde, die ein Wettrennen mitmachen sollen. Pfarrer Wustrow kennt die Pferde nicht. Er „bedenkt" das Papier und zeichnet Symbole für die Pferde auf. Dann pendelt er deren Ausstrahlungen aus. Das Pendelergebnis kann vom Unterbewusstsein diktiert worden sein, denn er beantwortet nicht die gestellte Frage, sondern erklärt: Die Pferde laufen nicht. Der Gedanke ist im Unterbewusstsein aufgekommen und ins Oberbewusstsein aufgestiegen! Geradezu ein Schulbeispiel für falsche Beurteilung der Grundlage!

2. Fall: Derselbe Fall! Verbunden mit Telepathie! Denn bevor die Gemeindevorsteher zu ihm kamen, war der Fall besprochen worden, ein gefasster Beschluss lag vor! Hat nichts mit Geistern zu schaffen.

3. Fall: Ebenfalls Telepathie! Vom Sohn aus, der die Nachricht von der Bank erhalten und sehr wahrscheinlich darüber nachgedacht hatte, da müsse der Vater wohl reisen und das Geld holen. Denn die Frage an den Pendel musste doch einen Grund haben! Von selbst kommt doch ein derartiger zweifelnder Gedanke nicht. Es ist anzunehmen, dass der Sohn von der vorgesehenen Stadtreise unterrichtet war und hat gemeint, da brauche der Vater nicht mit, dann wird er diesen der Mutter gesagt haben. Es gibt doch Leute mit starker Empfänglichkeit des Unterbewusstseins!

Wir müssen kritisch bleiben: Der „Verkehr mit Dämonen" ist recht oft Verkehr mit seinen eigenen abgespaltenen Seelenkräften, „selbstgeschaffene Persönlichkeiten". Die okkulte Schulung fördert geradezu diese Spaltungsmagie. Solche „Dämonen" sind Teile vom Ich!

In vielen Fällen folgt das Irrenhaus! Oder „Nervenheilanstalten!"

Der spirituelle Pendel

Einer meiner Söhne kam zu mir: „Vater, befrage doch einmal deinen Pendel, wer am Sonntag das Rennen gewinnt, ob es der Schimmel von Vargas oder der von Pagel ist."
Ich hatte keine Ahnung, ob der Brasilianer oder der Deutsche einen Schimmel besitzen. Ich kannte also die Pferde nicht. Auch Vargas kannte ich nicht.
Ich machte mir dieses Zeichen: Schimmel P. | Schimmel V.
Über den Schnittpunkt der beiden Linien hielt ich den Pendel. Er stand still. Er rückte und rührte sich nicht. Ich versuchte mehrere Male. Dasselbe Resultat. Ich rief meinen Sohn und sagte ihm: „Die Pferde laufen nicht." –
Der Sonntag kam.
Abends fragte ich meine Söhne, die dort waren: „Wer hat gewonnen, V. oder P.?"
„Die Pferde sind nicht gelaufen."
„So? – Warum nicht?"
„Die Brasilianer betrachteten Pagels Schimmel, besprachen sich und dann gab der eine Pagel 50 Milreis[26], halber Einsatz, Reugeld[27]. Das Rennen war erledigt."
Am Sonntag läuft Frömmings Fuchs gegen Reinkes Dunkelbraunen. Wer siegt?"
Ich befragte den Pendel und sagte meinem Sohn: „Der Dunkelbraune gewinnt."
Resultat: Der Dunkelbraune hat gewonnen.
Eines Tages hatte ich den Pendel in der Hand, ich befand mich im Ruhestand und hatte nicht die Absicht, noch einmal zu amtieren. Ich war amtsmüde.
Da plötzlich nahm ich den Gedanken auf: „Wirst du noch einmal ins Geschirr gehen?" Ich fragte den Pendel. Er antwortete: „Ja." Nun wurde ich neugierig und fragte: „Wo?" Ich ging alle Vakanzen durch. Der Pendel stand still. So kam ich zur Sesmarin, einer von mir als Filiale bedienten großen Gemeinde. Da sagte der Pendel: „Hier!"
Einige Tage später kamen beide Gemeindevorsteher der S. und fragten, ob ich nicht den Pfarrdienst und mein dritter Sohn Wilhelm den Schuldienst übernehmen wollen?
Resultat: „Ja."
Ende Juli 1925 war mein Wagen beladen: ein Schwein, Kartoffeln, Eier, Hühner. Am anderen Morgen wollte ich, um Sachen zu erledigen, mit meinem Wilhelm zur Stadt fahren. Dieser war nicht zu Hause, er war nach meinem vorigen Wohnplatz gefahren, um Mais zu holen, der dort noch im Feld stand. Meine Frau hatte inzwischen meine Sachen eingepackt, sowie die meines Sohnes. Die Reise dauert 12 Stunden, da muss man sich in der Stadt umziehen. Es war also, wie Jo Le

---

26 In Brasilien wurde der Milreis als Währungsmünze (1.000 Reis = 1 Milreis) im Dezimalsystem bis zur Einführung des Cruzeiro 1942 geprägt (100 Centavos = 1 Cruzeiro). Es gab Nominale in Gold zu 20, 10 und 5 Milreis, in Silber zu 1, 2 und später zu 5 Milreis. Zitiert nach: www.muenzengalerie.de/lex.asp%3Fordner%3Dm%26link%3DMilreis.htm. (rs)

27 Mit Reugeld ist eine Art Stornogebühr gemeint. (rs)

Boeuf sagte, alles ardhipret. Ich nahm den Pendel und fragte, ob ich fahre. Er sagte: „Nein!" – Nanu? – Ich überlegte hin und her. Der Himmel war heiter usw. Kein Grund der Behinderung vorhanden.
Da kam mein Sohn. Er brachte den Postsack mit. Unter den Postsachen befand sich ein Brief der „Banco Brasileiro Allemas" in Porto Alegro, der mir anzeigte, dass das Mutterhaus in Hamburg für mich 625 Fororo überwiesen habe. Ich möchte darüber verfügen.
Gut, sagte ich, ich werde schreiben, dass sie es an den Banco Pelo Vasoe überweisen. In 14 Tagen werde ich es dort abholen.
Nach dem Nachtessen saß ich an meinem Schreibtisch, packte zusammen, was ich brauchte. Da kam meine Frau: „Weißt du, Vater, ich und die Kinder (2 Söhne, 27 und 25, 1 Tochter, 20 Jahre) haben eben besprochen, du fährst morgen nicht mit. Morgen und in 14 Tagen wieder, das ist für dich zu anstrengend. Die Briefe besorgt Wilhelm. Das andere hat 14 Tage Zeit."
Was tat ich? – Ich lachte laut auf.
„Warum lachst du?"
„Weil mir der Pendel vor 3 Stunden anzeigte, dass ich nicht fahren würde. Er hat also recht gehabt. Wilhelm mag morgen allein fahren."
Ich bemerkte, dass ich von dem anmarschierenden Geld nichts wusste. Fehlschläge brauche ich nicht zu berichten, diese beziehen sich besonders auf Wetterfragen und überwiegen. Gewiss gibt es echte Fälle, Berichte darüber habe ich in Händen. Diese will ich nach reiflicher Überlegung nicht veröffentlichen. Die wenigen wahrhaft Berufenen leiden nicht darunter, für die große Schar der Unberufenen sind sie nachteilig.

Pendel-Orakel

Ammianus Marcellinus berichtet über einen im Jahre 371 unter Valens stattgefundenen Hochverratsprozess. Hilarius und Patricius, zwei Römer, hatten versucht, den Namen des zukünftigen Kaisers zu erfahren. Die beiden hatten einen Dreifuß nach Art des delphischen Orakels[28] hergerichtet, indem sie an den Rand des Beckens die 24 Buchstaben des Alphabets schrieben. Unter Aufbietung eines regelrechten magischen Apparates, der stark an die Einrichtung bei der Totenbeschwörung von Eliphas Levi[29] erinnert, in leinenem Gewand, mit heiligen

[28] Das Orakel von Delphi war eine berühmte Weissagungsstätte im alten Griechenland. (rs)

[29] Eliphas Levi, (eigentl. Alphonse Louis Constant (1810–1875) war ein französischer Diakon, Schriftsteller und Okkultist und gilt als Wegbereiter des modernen Okkultismus. Das schriftstellerische Werk Levis umfasst schätzungsweise um die 200 Titel. Da in den letzten Jahren Levi von vielen neu entdeckt wurde, erfährt auch sein Werk verschiedentlich Neuauflagen. Levi postulierte als seine vier grundlegenden Gesetze der Magie Savoir (Geist) – Vouloir Materie) – Oser (Bewegung) – Se taire (Stillstand). Als weiteres Grundgesetz sah

Lorbeerzweigen versehen, hielten sie einen Ringpendel über das Becken. Dieser kam in Bewegung und schlug einzelne Buchstaben an. Aus diesen sollte der Name gebildet werden. Sie erhielten Theo..., danach glaubten sie auf den Rest schließen zu können. Sie wurden zum Tod verurteilt und enthauptet. Das Orakel hat aber recht bekommen, der Name des folgenden Königs begann mit Theo..., es war jedoch nicht der gemeinte!
Im heutigen Papierzeitalter macht man das einfacher, man schreibt die Buchstaben auf und verkauft Pendeltafeln zu diesem Zweck!
In Sphinx, Heft 49/11, berichtet *Geßmann* über ein anderes Verfahren, bei dem es sich um Erraten gedachter Zahlen handelt. Geßmann deutet es richtig als Muskellesen. Die unbewusste Tätigkeit des Muskellesers ist doppelt gerichtet, er muss die unbewussten Muskelschwankungen des seine Linke haltenden Zahlendenkers erraten und diese unbewusst aufgefasste Vibration in ebenfalls unbewusst bleibende Muskelschwankungen seiner rechten Hand umsetzen. Diese hält einen Ringpendel, der in ein Trinkglas gehalten wird. Dieser schlägt an das erklingende Glas so oft, bis die gedachte Zahl erreicht ist. Dem „Medium" werden dabei die Augen verbunden. Der Körper des Muskellesers wird gewissermaßen ein Werkzeug des Zahlendenkers. Bestätigt wird dieser Zustand durch die Tatsache, dass der Muskelleser selbst keine Kenntnis von der gedachten Zahl erhält, er erfährt sie erst durch die Zahl der Anschläge.
Dieses Beispiel ist ernsthaft zu bedenken! Bei unseren Pendelspiritisten fehlt die zweite Person, der „Zahlendenker". Gibt es nicht unsichtbare „Ersatzdenker"? Das kann das eigene Unterbewusstsein sein, aber auch das Unterbewusstsein eines Teilnehmers! Und wer für Telepathie sehr empfänglich ist, kann den „Ersatzdenker" außerhalb des Raumes, des Hauses haben!

Ganz abgesehen von den abgespaltenen „Persönlichkeiten" des eigenen Ich!

Viele Fehlprognosen führe ich hierauf zurück!

Dr. Maack beklagt in einer seiner Schriften, die heutigen Pendler wären keine Mathematiker. Nun, das brauchen die Pendler auch nicht zu sein, sind es doch oft große Geister auch nicht. Aber eins sollen sie sein: Kritische Köpfe, die zuerst alle Möglichkeiten der Parapsychologie erschöpfen, ehe sie die Geister zu Hilfe nehmen.
Werden viele Pendler mit ihrem eigenen Geist nicht fertig, wie die Pendelliteratur beweist: Wie wollen diese mit den fremden Geistern fertig werden?

„Das Dämonische ist dasjenige, was durch Verstand und Vernunft nicht aufzulösen ist. In meiner Natur liegt es nicht, aber ich bin ihm unterworfen."

Goethe, Gespräche mit Eckermann

---

er das immerwährende Gleichgewicht von zwei Kräften in der Natur: Willenskraft und Astrallicht. Zitiert nach: lexikon.freenet.de/Eliphas_Levi. (rs)

Täuschungen durch den missbrauchten Pendel

Guten Glauben und reine Absichten billige ich den Pendlern zu, die damit Zukünftiges oder „Jenseitiges“ erfahren wollen. Das hindert nicht an Irreführungen. Mehrfach sind bei mir derartige Auskünfte hinterlegt worden, damit sie als Beweis dienen konnten, wenn das Ereignis eingetroffen wäre. Das ist *nie* vorgekommen.

So wurde mir am 28. 2. 1930 von einer sehr vertrauenswürdigen Dame geschrieben: „Ich möchte Ihnen noch berichten, dass mein Pendel den Tod des Düsseldorfer Mörders (d. i. Peter Kürten[30]) seit einigen Tagen anzeigt. Noch vor 14 Tagen hielt er sich im Inneren der Stadt – Karl-Platz – auf. Ich sehe als letzte Richtung z. Z. die Rheinbrücke – Hofgarten usw. Von da an geht die Pendelkreisung im Wasser weiter – dann Stillstand.“

Am selben Tag hat Kürten wieder einen seiner Briefe an die Polizei geschrieben, dann wurde er verhaftet und er lebt immer noch.

Ein anderer Fall: Roald Amundsen[31].

„Schon Mitte Juli sah ich durch meinen Pendel, dass der Polarforscher durch einen Unfall ums Leben gekommen ist. Er endete im 40. Längengrad des nördlichen Eismeeres durch einen Unfall. Beide Beine sind ihm gequetscht oder erfroren, genau kann ich das nicht sehen.“

Und dazu von einem anderen Pendler: „Am 18. 7. 1928: Amundsen lebt, Malmgreen ist tot. Amundsens Standpunkt 40–50 Grad östlich.“

Nachdem Bruchstücke des von Amundsen benutzten Flugzeuges an die norwegische Küste angetrieben worden sind, kann der Tod nicht nördlich Sibiriens im Eismeer stattgefunden haben. Der Aufstieg fand am 18. Juni 1928 statt, Mitte Juli konnte jedermann das Unglück als geschehen annehmen, da Amundsen nicht für eine längere Eisreise ausgerüstet war.

---

30 Peter Kürten (1883–1931), genannt „Der Vampir von Düsseldorf“, beging in Düsseldorf in der Zeit zwischen Februar und November 1929 eine Serie von Sexualmorden. Die Fahndung war eine der kriminalgeschichtlich meistbeachteten Vorgänge in der Weimarer Republik. Er wurde im April 1931 wegen Mordes in neun Fällen zum Tode verurteilt und im Juli im Kölner Gefängnis Klingelpütz hingerichtet. Quelle: lexikon.freenet.de (rs)

31 Roald Engebreth Gravning Amundsen (* 16. Juli 1872 in Hvidsten/Fredrikstad bei Oslo, verschollen und vermutlich † 18. Juni 1928) war ein norwegischer Polarforscher. Er erreichte am 14. Dezember 1911, vor seinem britischen Rivalen Robert Falcon Scott, als erster Mensch den Südpol. ... Amundsen starb vermutlich 1928, als sein Flugzeug in der Arktis nahe der Bäreninsel verloren ging. Er war aufgebrochen, um den italienischen Forscher Umberto Nobile, dessen Luftschiff „Italia“ zu Boden gegangen war, zu retten, und zwar auf den Tag genau 25 Jahre, nachdem er seine Tätigkeit als Polarforscher auf der *Gjøa* begann. Amundsens Flugzeug, eine „Latham 47“ mit 1000 PS, eine französische Leihgabe, ist bis heute nicht gefunden worden. Man fand jedoch einen Schwimmer des Flugzeugs, der Bearbeitungsspuren trug. Wahrscheinlich hatten Amundsen und seine Gefährten versucht, sich damit zu retten. Quelle: de.wikipedia.org/wiki/Roald_Amundsen. (rs)

Die Pendel-Bücher von A. Frank Glahn

Immer und immer wieder wurden wir nach diesem Werk gefragt: Dass der Verfasser ein Fachmann auf dem Gebiet des Pendel war, beweist die Tatsache, dass er als einziger als gerichtlicher Sachverständiger das Pendel mit Erfolg in Strafangelegenheiten vor dem Schwur- und Landgericht angewandt hat. In sechs Bänden wird jeweils ein besonderes Gebiet ausführlich behandelt. Viele bildliche Darstellungen erleichtern das Verständnis: Über Metall, Mineral, Pflanze, Körper, Seele bis zum geistigen Pendeln erhält der Schüler eine überaus gründliche Ausbildung, die ihn befähigt, alle nur denkbaren Pendelversuche exakt auszuüben.

Der Gebrauch des Pendels (Band I)

Eine gründliche Einführung, die von Grund auf lehrt, wie der Pendel zu handhaben ist. Nicht nur Anfänger, auch der Fortgeschrittene kann hier noch viel lernen.

Aus dem Inhalt:

Der Gebrauch des Pendels – Strahlende Materie – Was ist der anzeigende Pendel? – Wer kann pendeln? – Ein grundlegender Versuch – Strahlenkräfte im Menschen – Die Auspendlung einer Person – Form und Beschaffenheit des Pendels – Pendelprüfungen – Seelische Beteiligung – Das übersinnliche Gebiet – Die Ausbildung zum Pendler – Für die ersten Versuche und vieles mehr.

88 Seiten, verschiedene Abbildungen,
ISBN 978-3-89094-671-9

Metall, Mineral und Pflanze (Band II)

Jeder lebende und naturgewachsene Stoff sendet Strahlen aus. Wie mit dem Pendel allen diesen Erscheinungen nachgeforscht werden kann und wie sie zum Nutzen im menschlichen Leben verwendet werden, lehrt dieser Band.

Aus dem Inhalt:

Einige Vorsichtsmaßregeln für Pendler – Die Gradpendlungen – Der dynamische Kreis – Verschiedene Pflanzen und deren Teile – Verschiedene Nahrungsmittel – Einfluss der Körperstellung des Experimentierenden – Die Edelsteine – Die Gradtabelle der Edelsteine – Charakterlinien der Edelsteine – Pflanzenleben – Pflanzenwirtschaft – Künstliche Düngemittel – Auswahl der günstigsten Düngersorten – Zum Auspendeln von Pilzen – Pflanzenheilkunde – Pendeln im Gelände und vieles mehr.

80 Seiten, verschiede Abbildungen,
ISBN 978-3-89094-672-6

Natürliche Kräfte in Strahlungen (Band III)

Dieses Gebiet ist Neuland für die Pendelforschung. Es geht hier um die Kenntnis der bösartig wirkenden als auch der guten Strahlungen, seien es kosmische Strahlen, Strahlen von Planeten oder Erdstrahlen.

Aus dem Inhalt:

Sternstrahlungen – Pendlungen mit der Sonne, dem Mond und der Sterne – Erdmagnetismus – Messung der radioaktiven Strahlungen – Astrale Einflüsse – Konservierte Strahlen – Lebenskraftstrahlen – Feinkraftflüsse des Weltraums – Mit dem Pendel durch die Wohnung – Wirkung der Farben – Wettereinflüsse – Planeteneinflüsse mit dem Pendel bewiesen und vieles mehr.

72 Seiten, verschiede Abbildungen,
ISBN 978-3-89094-673-3

Seele und Geist – Charakter und Anlagen (Band IV)

Hier dringt der Pendelkundige in eines der interessantesten Gebiete ein. Er lernt mit dem Pendel die geistigen und intellektuellen Fähigkeiten sowie die Charaktereigenschaften zu beurteilen.

Aus dem Inhalt:

Ratschläge und Merkmale für Sensitive – Auspendlung von Geistern und Materialisations-Erscheinungen – Auspendlung von Medien – Zur Erforschung des Charakters – Abneigung und Zuneigung – Wirkungen aus früherem Dasein – Die Auspendlung des Körpers – Der Pendel als Beweisinstrument in der Strafrechtspflege – Der Pendel bei der Berufsberatung – Charakterpendlungen – Die Gedankenformen und ihre Auspendlung – Erkennung medialer Personen – Auspendeln des Wertes von Büchern – Ermittlung des Alters – Der Pendel in der Wohnung und vieles mehr.

128 Seiten, verschiede Abbildungen und 16 Bildbeilagen, ISBN 978-3-89094-674-0

Der Körper, Krankheit und Heilmittel (Band V)

Für die praktische Auswertung des Pendels ist dieser Band von größter Wichtigkeit. Es wird dem Heilkundigen gezeigt, wie der Pendel als wichtiges Hilfsmittel bei der Diagnose und bei der Auswahl der richtigen Heilmittel gebraucht wird.

Aus dem Inhalt:

Vor dem Menschen Pflanzen und Tier – Der Mensch und seine Beschaffenheit – Anatomie des Menschen – Die Auspendelung des Körpers – Auspendeln von Krankheiten – Auspendeln eines Astralkörpers – Das Abfragen von Krankheiten nach verschiedenen Methoden – Od-Auspendelungen – Pendel und Medizin – Verschiedene Wirkung einer Arznei auf den Stoffkörper und Astralkörper – Wahl der Heilmittel – Abfragen von Heilmitteln – Das Auspendeln von Speisen – Die Kontrolle der Heilmittel – Tierheilkunde und vieles mehr.

128 Seiten mit vielen Abbildungen,
ISBN 978-3-89094-675-7

Magie der Symbole – Der spirituelle Pendel – Radio des Geistes (Band VI)

Auch in diesem Band wird ein Gebiet durchforscht, das bisher in der Literatur noch keinen Niederschlag gefunden hat. Es werden Kräfte untersucht, die märchenhaft erscheinen. Es ist für alle jene geschrieben, die unsichtbare geistige Kräfte höher bewerten als die vergänglichen materiellen.

Aus dem Inhalt:

Magische Kräfte – Magie der Symbole – Die Tierkreiszeichen – Planetensymbole – Verschiedene Symbole aus der Clavicula Salomonis (Zauberbuch) – Verbindung der Symbole untereinander – Magische Buchstaben – Die mystischen Alphabete – Magische Gesten – Belebte Gedankenformen – Amulette, Buchstabenkräfte – Besonders wichtige Symbolverbindungen – Symbole aus Pendelfiguren – Was nicht ausgependelt werden kann – Der spirituelle Pendel – Pendel-Orakel und vieles mehr.

88 Seiten mit über 100 Abbildungen,
ISBN 978-3-89094-676-4

Weitere Bücher von A. Frank Glahn

Seit vielen Jahren schon zählt das „Deutsche Tarotbuch“ von A. Frank Glahn zu den gesuchtesten und seltensten Büchern. Es war während der NS-Zeit verboten und wurde eingestampft. Jetzt ist es wieder neu erschienen, um das darin enthaltene reiche Wissen nicht gänzlich verloren gehen zu lassen.

Das Tarotbuch ist kein Kartenlege- und Kartendeutungsbuch im üblichen Sinne, sondern ein Buch der Lebensweisheit und Erkenntnis. Nicht dem *Anschauer*, sondern dem wissenden *Durchschauer* der Zukunft ist es geschrieben. Es sagt nicht: Pass auf, das trifft ein! Sondern: handle so oder so und gestalte selbst die künftigen Ereignisse.

Der Autor schreibt in seinem Buch: „Wer das Spiel Thot oder Tarot gelernt hat, der gehört zu den weisesten im Volke. Das Reich Gottes ist darin dargestellt und alles, was vorher war und kommen wird.“

Das Tarot stellt ein vollkommenes Gleichnis der Welt dar. Alle menschlichen und irdischen Dinge, alle natürlichen und übernatürlichen, sind gleichsam offenbar und wartet auf den Gebrauch durch den Meister. Alle dargestellten Bilder sind mystische Symbole, die in Verbindung mit Zahlen und Buchstaben das ganze Weltbild darstellen und alle eine tiefe Bedeutung haben. Durch Versenkung und Meditation über diese Symbole beginnen die Bilder zu „sprechen“ und der Fragende erhält Auskunft über das, was ihn bewegt. So wird der Tarotkundige zum weisen Magier; er gewinnt Einsicht in die Geschehnisse, er entwirrt die Fäden des Zufalls und kann sich und anderen Aufklärer und Wegweiser sein.

Das deutsche Tarotbuch *von A. Frank Glahn,* ISBN 978-3-89094-452-4

* * * * *

Weitere Informationen zu Neuerscheinungen unter:

www.magick-pur.de